"143"课堂教学法实践与探究

朱启　胡道群　○　著

西南交通大学出版社
·成都·

图书在版编目（CIP）数据

"143"课堂教学法实践与探究 / 朱启，胡道群著. -- 成都：西南交通大学出版社，2024. 7. -- ISBN 978-7-5643-9911-5

I．G632.421

中国国家版本馆 CIP 数据核字第 2024QM6897 号

"143" Ketang Jiaoxuefa Shijian yu Tanjiu

"143"课堂教学法实践与探究

朱 启　胡道群　著

责 任 编 辑	黄淑文
封 面 设 计	原谋书装
出 版 发 行	西南交通大学出版社
	（四川省成都市金牛区二环路北一段 111 号
	西南交通大学创新大厦 21 楼）
营销部电话	028-87600564　028-87600533
邮 政 编 码	610031
网　　　址	http://www.xnjdcbs.com
印　　　刷	成都市新都华兴印务有限公司
成 品 尺 寸	170 mm × 230 mm
印　　　张	13.75
字　　　数	205 千
版　　　次	2024 年 7 月第 1 版
印　　　次	2024 年 7 月第 1 次
书　　　号	ISBN 978-7-5643-9911-5
定　　　价	68.00 元

图书如有印装质量问题　本社负责退换
版权所有　盗版必究　举报电话：028-87600562

前言 *preface*

  学习是学生在教师的引导下通过自主、合作、探究来解决问题的过程。要实现课堂教学高效增分，关键是教师的引导，核心是学生的自主学习，重点是学生的训练。"143"课堂教学模式是根据学生在学习过程中"预习、上课、作业"的流程而设计的。"1"是指课前预习；"4"是指课堂教学的学、展、讲、练四个环节；"3"是指课后的"三清"，即日日清、周周清、月月清。"143"课堂教学模式体现了"学生为主体，教师为主导，训练为主线，先学后教，当堂训练，以学定教，以教导学，不学不教，不练不讲"的教学思想，是实现课堂教学高效增分的有效方法。

  本书从构建高效课堂出发，结合榕江县第一中学的课堂教学改革实际情况，介绍了"143"课堂教学法的理论基础、具体实践、配套政策和教学效果。为我校师生"143"课堂教学法提供了理论依据与实验支撑。在课堂教学中学生的"小组合作探究"环节，让学生在课堂中参与自主学习、实验探究、分组合作时有充足的时空经历提出问题、假设猜想、推理演算、实验论证的活动过程。同时也为学生开展当堂训练，提升学生开放性思维提供了保障。编者通过撰写"143"课堂教学模式供读者参考。本书包含课程改革的相关内容，更适合高中在职的教师使用。

本书由榕江县第一中学物理高级教师朱启、胡道群老师撰写。其中，朱启老师主要负责第 1 部分、第 2 部分的全部内容以及 3.3 节、3.4.1 节、3.5.3 节内容的撰写，共完成约 10.3 万字。胡道群老师主要负责 3.1 节、3.2 节、3.4.2 节、3.4.3 节、3.5.1 节、3.5.2 节内容的撰写，共完成约 10.2 万字。本书在编写过程中借鉴和参考了一些同类书籍、网络观点及专家、学者的著述和研究成果，在此，谨向其作者表示衷心的感谢。

由于编者的认知能力和专业能力水平有限，书中难免存在疏漏及不足之处，真诚欢迎各位专家、学者和广大同行提出宝贵意见，以利修订和完善。

本书为贵州省基础教育质量提升行动计划专项课题《基于大数据环境下民族地区利用"143"课堂教学提高物理学科质量策略的研究》研究成果。

作 者

2024 年 5 月

目录 contents

第 1 部分　探索高效课堂之路 ·· 001
 1.1　经典教学法 ·· 001
  1.1.1　赫尔巴特的"四段教学法" ································ 001
  1.1.2　凯洛夫的"五步教学法" ·································· 002
  1.1.3　魏书生的"六步教学法" ·································· 002
  1.1.4　黎世法的"六步学习法" ·································· 003
  1.1.5　教学标准化流程之"七步教学法" ························· 003
  1.1.6　邱学华的"尝试教学法" ·································· 005
  1.1.7　陈立群的高分"五步学习法" ······························ 006
 1.2　高效课堂亲身实践 ··· 007
  1.2.1　对异步教学法的认知 ······································ 007
  1.2.2　初尝教学改革 ·· 008
  1.2.3　福安一中的"五环"教学模式 ······························ 011
  1.2.4　洋思中学的"先学后教，当堂训练"教学模式 ············· 014
 1.3　感受高效课堂 ·· 016
  1.3.1　怀着"爱心"，"用心"上好每堂课 ························ 016
  1.3.2　打造高效课堂，促进师生共同成长 ························ 016
  1.3.3　学生主动参与学习，提升课堂的"质"和"量" ············ 017
  1.3.4　构建高效课堂的策略 ······································ 019

第 2 部分　生成高效课堂教学模式 …………………………… 023

2.1　榕江一中"143"教学法 ………………………………… 023
2.1.1　"143"教学法的内涵 ……………………………… 023
2.1.2　"143"课堂教学法的理论基础（学习金字塔理论）… 027

2.2　榕江一中"143"课堂教学改革相关制度 ……………… 028
2.2.1　榕江一中课堂教学改革实施方案 …………………… 029
2.2.2　榕江一中"143"教学实施细则 …………………… 032
2.2.3　榕江一中关于课堂教学改革配套工程建设的意见 … 035
2.2.4　榕江一中班级学生学习小组建设方案 ……………… 038
2.2.5　新课堂教学的具体实施部署 ………………………… 044
2.2.6　学习小组的建立策略 ………………………………… 047
2.2.7　"143"课堂学分制的教学课堂评价方法 ………… 050
2.2.8　榕江第一中学"143"课改合格课达标验收实施方案 … 052
2.2.9　榕江县第一中学新进教师"143"汇报课活动方案 … 056
2.2.10　榕江县第一中学"143"课堂教学改革激励机制 … 059
2.2.11　榕江县第一中学"课改优秀教师""课改优秀班级""课改优秀备课组""课改优秀学习小组"评选方案 … 061
2.2.12　榕江县第一中学年级组课堂教学改革实施方案 … 063
2.2.13　榕江一中"143"课堂教学改革成果巩固与推进活动方案 ………………………………………… 068
2.2.14　榕江县第一中学"143"课堂教学改革工作组织机构 … 070
2.2.15　榕江一中高一物理备课组"143"课堂教学改革实施方案 … 071
2.2.16　榕江一中物理学科学习小组建设方案 …………… 075

第 3 部分　"143"课堂教学改革实践 ……………………… 079

3.1　导学案范例 ………………………………………………… 079
3.1.1　课题 1——时间和位移 ……………………………… 079
3.1.2　课题 2——匀变速直线运动的速度与位移的关系 … 084
3.1.3　课题 3——摩擦力 …………………………………… 088
3.1.4　课题 4——用牛顿运动定律解决问题 ……………… 092

- 3.1.5 课题5——平抛运动 ········ 098
- 3.1.6 课题6——太阳与行星间的引力 ········ 105
- 3.1.7 课题7——机械能守恒定律 ········ 110
- 3.1.8 课题8——电场强度 ········ 116
- 3.1.9 课题9——带电粒子在电场中的运动 ········ 123
- 3.1.10 课题10——闭合电路的欧姆定律 ········ 129
- 3.1.11 课题11——带电粒子在匀强磁场中的运动 ········ 135
- 3.1.12 课题12——法拉第电磁感应定律 ········ 141
- 3.1.13 课题13——描述交变电流的物理量 ········ 146
- 3.1.14 课题14——动量守恒定律 ········ 152
- 3.1.15 课题15——光的粒子性 ········ 156
- 3.1.16 课题16——重力、弹力、摩擦力 ········ 161
- 3.1.17 课题17——能量守恒定律、功和能 ········ 168

3.2 "143"课堂教学设计——力与运动的关系 ········ 175

- 3.2.1 教学内容分析 ········ 175
- 3.2.2 学情分析 ········ 175
- 3.2.3 教学目标 ········ 175
- 3.2.4 教学重难点 ········ 176
- 3.2.5 教学方法 ········ 176
- 3.2.6 教学教具 ········ 176
- 3.2.7 教学流程 ········ 176
- 3.2.8 教学活动设计 ········ 177
- 3.2.9 课后作业 ········ 182
- 3.2.10 教学反思 ········ 182
- 3.2.11 参考文献 ········ 183

3.3 "143"课堂教学设计——自由落体运动 ········ 183

- 3.3.1 教材分析 ········ 183
- 3.3.2 学情分析 ········ 183
- 3.3.3 教学设计思路 ········ 184
- 3.3.4 教学目标 ········ 184
- 3.3.5 重点难点 ········ 185

  3.3.6 教学方法 …………………………………………… 185
  3.3.7 教学过程 …………………………………………… 186
  3.3.8 教学反思 …………………………………………… 190
 3.4 "143"课堂教学相关论文 ………………………………… 191
  3.4.1 构建新型高中物理课堂教学模式，培养学生学科核心素养· 191
  3.4.2 新课改背景下"143"课堂教学模式的实施策略 …… 195
  3.4.3 浅谈"143"教学模式在高中课堂教学中的尝试 …… 198
 3.5 "143"高效课堂教学改革感悟、总结范例 ……………… 203
  3.5.1 新课程改革实施感悟 ……………………………… 203
  3.5.2 践行"143"课改　激活生命课堂 ………………… 207
  3.5.3 有效学习　提升自我 ……………………………… 208

第 1 部分　探索高效课堂之路

什么样的课堂才能称得上高效课堂？"高效"是指效能高、效率高的意思，通常是指在相同或更短的时间里完成更多的任务，而且完成质量一样或者更好。由此可知，所谓高效课堂就是在规定的时间内让课堂教学效率更高、效果更好。教师如何提高课堂效率，这是笔者后面将要重点论述的问题，本章笔者结合个人的感悟，分享自己探索高效课堂的过程与感受。

1.1　经典教学法

"一堂好课的标准"一直以来都是教师谈论的话题，笔者也不例外，从走上讲台那一刻起，笔者就追随各位前辈一直走在探寻高效课堂的路上，现在让我们一起去拜访课堂教学改革的前辈们，感受他们的教学方法吧！

1.1.1　赫尔巴特的"四段教学法"

"四段教学法"是由大名鼎鼎的德国教育家赫尔巴特在《普通教育学》一书中最先提出的。"四段教学法"是指把教学过程分成"清楚（明了）—联想—系统—方法"四个教学步骤。清楚，是指教师根据教学进度明确地给学生讲授新知识；联想，是指新知识与旧知识之间要建立内在的联系；系统，是指教师与学生一起对所教授的知识进行总结和归纳；方法，是指把所学知识应用于处理实际问题（习题解答、书面作业等）。"四段教学法"后来被赫尔巴特的学生席勒发展为"五段教学法"，即预备、提示、联系、总结、应用。

1.1.2 凯洛夫的"五步教学法"

20世纪四五十年代，苏联著名教育家凯洛夫将席勒总结的五段教学法延伸后，将其写进《教育学》一书中，自此"五步教学法"影响世界各国一代又一代的教师。五步教学法强调以课本知识为中心、以课堂教学为中心、以教师讲述为中心，这种教学法曾一度成为我国教育的主流模式。然而五步教学法有非常明显的不足，它最大的弊端是忽视学生的主体作用，教师只教学生学会书本知识，这样的课堂无法培养学生的创新能力，更不要说提升学生的学科核心素养了。五步教学法虽然适用于各个学科，但它与现在的教学观念格格不入，现代的教学理念要求学生作为课堂教学的主体，教师只对学生进行指导，从而形成师生互动、生生互动的高效课堂。

1.1.3 魏书生的"六步教学法"

我国著名教育改革家魏书生老师在新教育浪潮的洗礼下总结出了课堂六步教学法。魏老师提出课堂教学要少讲多读，教师要把课堂时间还给学生，老师精讲主要内容，这样学生才可能学到更多知识。学生只有多读书，才有可能把阅读能力提高。魏老师把课堂教学分为六步，依次为：定标、独学、小组讨论、回答问题、自我检测、小结。该教学法步骤可作如下解释：定标，是指根据教材内容确定出每课学习重点及难点知识。独学，是指学生自己通读一遍课文，逐字逐句将课文中的内容弄懂；遇到弄不清楚的词句，用红笔做好标记，拿到课堂上请教同学或老师。小组讨论，是指小组内的同学在课堂上将预习时遇到的疑难问题提出来，在组内进行讨论；如果组内讨论也解决不了，则在课堂上请教老师。回答问题，是指教师在课堂上随机抽取一个小组来回答一部分疑难问题，通过小组答疑的方式，疑难问题就会慢慢减少，所有小组都无法回答的疑难问题则由教师解决。自我检测，是指教师根据本课的教学重点、难点，出 10 分钟的自测题，由全班学生解答，自我检测结束后学生交叉评分，检查本堂课的学习效果。小结，是指课堂最后时段教师引导每个学生总结本课的学习收获，然后随机抽取一两名学生上讲台总结。

六步教学法虽然能唤起学生求知的欲望，但是该教学模式多适用于语文课堂教学，有一定的局限性。

1.1.4　黎世法的"六步学习法"

由于魏书生六步教学法只针对语文课堂教学，20 世纪 80 年代初，黎世法老师在此基础上经过大量研究和实验，发现教师对学生进行有效指导学习知识的过程可以总结为"学习指导五步过程法"，即发现问题、总结学法、明了学情、研讨学习、巩固小结，简称"五步学习指导法"。黎世法老师将教师的"五步指导法"与学生的"六步学习法"归纳成"六阶段有效教学过程法"（简称"六段教学方式"），即"发现问题—总结学法—自主学习（六步学习）—明了学情—研讨学习—巩固小结"。在这样的背景下，黎世法老师将学生课堂学习过程抽象归纳为六个步骤，即独学、引导、复习、作业、纠错、总结，简称为"六步学习法"。

1.1.5　教学标准化流程之"七步教学法"

后来有人经过大量课堂教学实践，总结出了一套非常成功的教学标准作业流程，它把教学管理过程与授课过程紧密结合，力求做到整节课的教学流程标准化，以及更好地呈现出每一节课的教学效果，即七步教学法。

第一步，进门考。学生进入教室第一件事，便是对本节课的重点内容进行测试，测试时间一般为 15 分钟左右。在测试过程中，教师通过仔细观察每个学生的考试情况，及时对本堂课的授课内容作出相应的调整。进门考结束以后，学生相互批改进门考的测试卷，老师对测试情况作点评，以起到鼓励先进、鞭策后进的作用。

第二步，授新课。老师根据学生的实际情况讲述新课，而不是机械地将事先准备好的讲义内容复述一遍。为了能提高学生听课效率，必须做好以下三个环节：一是讲述为什么要学本节内容以及本节内容有多重要，从而刺激学生的学习欲望；二是教授学生一些高效的学习方法，比如总结一些口诀、练习使用思维导图等；三是规范课堂笔记。

第三步，课堂落实。课堂落实可以采用小组讨论、分组合作的形式进行，其核心是在课堂上增加学生主动学习环节，通过让学生即时"输出"来检验"输入"的质量。教师在此环节轮流参加各小组讨论，及时了解听课效果，并及时对特殊问题进行纠正（个性化补充辅导）。

第四步，查漏补缺。教师根据学生进门考和课堂落实的情况，再次强化讲授大多数同学容易出现错误的共性问题，从而补齐该节课学生学习上的短板。

第五步，检测考试。每节课后，教师针对多数同学容易出错的知识点进行测试，检验学生对易错内容的掌握程度，并对每位学生的测试卷进行逐一分析，了解每位学生对本节课的内容的掌握情况，同时针对不同层次的学生布置课后作业及个性化辅导作业，确保每位学生都能熟练掌握该节课的内容。

第六步，课后落实。课堂教学活动结束后，教师将学生学习情况反馈给家长，让家长参与到孩子学习过程的管理中来，学生在家学习时由家长监督其按时保质地完成作业，通过家校共育的方式来解决课后教师无法监管学生后续学习的问题，同时增进老师与家长对孩子教育的互动和交流。

第七步，公示学生学习成果。学生学习成果的公示包括两部分：一是在班上公布学生周考、月考测试情况，实施适当的奖优惩劣手段，激发学生学习内驱力，并根据班上学生实际学习情况进行适当分层教育。二是教师向家长公示孩子在校的表现以及近期学习成绩，向学生家长展示教师工作和学生学习情况，以此达到家校共育的良好局面。

1.1.6 邱学华的"尝试教学法"

自20世纪80年代起，邱学华老师尝试实施新课堂教学方法：他尝试从小学数学课堂开始变革，尝试使用新的教学法，他把该教学法命名为尝试教学法。尝试教学法的特征可归纳为"先试后导、先练后讲"。根据尝试教学法理论的本质和"先试后导、先练后讲"的特点，邱学华老师在实际教学过程中逐步探索出了一套可操作的教学流程，该教学流程分为以下七步：

第一步是准备练习。学生先对教师课前布置的问题及教材中的基本概念、基本定理、定律进行预习，从准备题引导出尝试题，从旧知识迁移到新的知识，为解决尝试题扫清障碍。

第二步是教师出示学习任务。教师在课前用课件为学生展示本节课的学习目标和任务，让学生带着问题学习，引导学生深度思考并在小组内讨论解决学习任务的方案，从而调动学生积极参与课堂学习。

第三步是学生自学本节课的教学内容。教师在学生自学前，布置适合学生实际的自学问题，学生在自学时如果遇到疑难问题可以随时请教老师，也可以和同学讨论解决。学生通过自学解决了大部分问题，此时就可以直接开展下一环节的教学。

第四步是当堂训练。学生在课堂上进行练习时，教师实时在班上巡视，以便及时掌握学生训练时出现的问题，并对个别学习出现困难的学生进行单独辅导，使其跟上全班整体进度。学生在当堂训练环节遇到难题，可以寻求同桌的帮助或通过继续研读教材寻找答案。

第五步是小组讨论。当堂训练中会出现不同答案，学生会产生疑问，此时教师应引导学生在学习小组内开展讨论，各自发表观点。

第六步是教师精解。小组讨论后还有部分学生没把疑难问题真正搞清楚，这时就需要教师对该知识点进行针对性的讲解。教师精讲时只需把疑难问题和教材的重难点讲清讲透即可，学生通过自学能弄懂的内容教师不必进行简单的重复。

第七步是课堂检测练习。经过小组讨论和教师精讲后，学生在预习时遇到的疑难问题得到了纠正，教师接着要求学生限时完成课堂检测练习，限时训练完成后，学生交叉批阅检测卷，教师收集检测情况，对出现错误比较集中的题目统一点评、讲解。

当然，无论哪种课堂教学模式都不会是完美的，邱学华老师的尝试教学法在课堂实操过程中还存在一定的局限性，如在该教学法的实施过程中，要求学生有一定的学科知识和领悟能力，所以该教学法在小学低年级和中学低年级实施起来难度较小；但中小学高年级的复习课一般不适合采用该教学模式，有些注重探究实验的课程也不适合采用该教学模式来开展教学。另外，该教学模式的理论基础尚需加强，特别是除了小学语文、数学、英语以外的音乐、美术、体育、综合实践等学科运用该教学模式开展课堂教学会存在诸多的困难、教学法理论与实践结合得不够科学、一些操作方法需要进一步改进等。

1.1.7　陈立群的高分"五步学习法"

陈立群在华东师范大学出版社出版的《我的教育主张》一书中提出了从高分"五步法"到新型人才培养的教学理念。他在文章中提到根据他本人对学校严抓教育教学质量过程的分析与总结，发现学生从接触新知识到最后能够准确地做出答案，主要会经历"懵—懂—会—熟—通—准"这样六个阶段点。根据这六个阶段点，学生学习过程大致可以分为"懵—懂""懂—会""会—熟""熟—通""通—准"这五个步骤。当然学生在学习过程中不一定完全按照这样的顺序发展下去，有时可能会出现跨越进行的情况，但总体上就是按照这五个步骤发展的，陈立群把它称为高分"五步学习法"。学习能力层次不同的学生常常会在不同的节点上出现问题，该生的成绩也就停留在相应的阶段位置上。

1.2　高效课堂亲身实践

2003年7月笔者从大学毕业，同年8月进入榕江一中当了一名高中物理教师。初入教学岗位，笔者就发现学校的邱国民、王世龙老师教学方法独特、教学成绩显著，经打听，得知他们使用的是异步教学法，于是便义无反顾地加入了他们的阵营。正是异步教学法引领笔者走上了课改之路，让笔者慢慢地找到了课堂教学的乐趣。

1.2.1　对异步教学法的认知

20世纪80年代最初几年，黎世法老师经过大量课堂教学实践研究后，将教师课堂教学方法总结为"五步指导法"，该教学法包括提出问题、指导学法、掌握学情、讨论学习、拓展小结。"五步指导法"加上学生的"六步学习过程法"，就构成了"六阶段高效教学过程"，简称"六段教学法"。在课堂教学过程中，通过提出问题、指导学法、学生学习（六步学法）、掌握学情、讨论学习、拓展小结，使教师的教与学生的学实现有机的结合。从异步教学的六段教学组成部分来看，教师的"导"全都是为学生的"学"服务的。该教学法是从教师课前提出问题开始实施教学的，教师课前提出的问题必须有三分之二左右的学生在教师的引导启发后，经过自身的努力可以独立或通过小组讨论后解决。教师提出问题后，先对学生进行学法指导，然后让学生按照教师所教的方法，运用六步学习法（独学、引导、巩固、作业、纠错、总结）自主学习，独立完成教师课前提出的问题，并根据教师要求及时对作业进行自评和互评。教师提出的问题和预留作业要考虑到不同层次的学生，既要有每个学生都必须完成的，还要设计给学习能力强的学生选做的。教师不能布置课后作业，学生必须在课堂时间内完成教师布置的全部作业；在白天的自习课和晚自修的时间，学生要做好课前预习、巩固上节课所学的知识。学生在课堂上自主学习时，教师在教室内来回巡视，及时了解学生自学的情况，对学生自学时出现的问题进行实时指导，引导学生避免用错误的思路解题，其本质就是指导正确的学习方法。教师在课堂巡视时，除了对出现错误的学生进行指导外，更重要的是掌握后进生的学习情况，指导后进生解决自主学习时遇到的难题，帮助他们完成必做的学习任务。在学生的学习过程中，教师从学生实际需要出发，灵活采取独学或组内合作学习等方式进行。教师课堂巡视了解到学生遇到疑难问题时就及时给予指导，如果需要指导的学生太多，教师可以培训学科组长通过兵教兵的方式来解决。教师巡课发现多数学生存在相同疑难问题时，就立即对全体学生进行针对性指导。教师在班上进行全体指导时，允许学习能力强的部分学生根据个人的实际情况自学后面的教学内容。当三分之二的学生弄懂了本节课教学的重难点问题后，教师实时引导学生对所学的知识进行归纳总结，通过总结加深学生对所学知识的巩固和提升。

任何好的教学方法都不一定拿来就适合当地的教育教学，异步教学法当然也不例外。笔者在课堂教学过程中逐渐发现，生搬硬套地把异步教学法用到我们的课堂教学中，其效果并不理想，究其原因是我们的学生基础太薄弱，自学时找不到重点，只会盲目地看书。为此，我们从学生的实际情况出发，在课堂教学过程中对异步教学法进行了修改，即把学生的自学过程改为课前的预习（教师根据教材内容编制好预习的导学案，并在上课的前一天发到学生手上，让学生根据导学案的内容自学），这样在课堂上节约了不少时间，课堂效率得到了大大提高。

1.2.2 初尝教学改革

俗话说得好，教无定法，关键是教要有法，笔者在课堂教学过程中慢慢摸索，总结出了由五个教学环节组成的"143"课堂教学法，即课前预习、小组合作学习、教师精讲、当堂训练、课堂小结。该课堂教学模式的主要流程如下：

（1）课前预习。学生依据教师课前下发的导学案中的要求预习教材内容，根据预习案中提出的问题，找到教材中的重点知识进行初步学习，预习后对疑难的知识点进行标注，等待老师在课堂上来讲解消化。

（2）小组合作学习。教师根据学生学习能力、兴趣爱好、个性特征等，按优势互补的原则，将班级学生按6人一组进行分组，促使组内学生在学习时互帮互助、共同提高。分组学习时，小组长对每个成员进行合理分工，做到人人有事做，按时完成教师课堂布置的探究性问题。

（3）教师精讲。教师通过课堂观察了解学生的知识盲区后，对这些知识进行详细讲解。教师精讲时要做到：一是梳理知识的来龙去脉；二是强化、深化、活化重点知识；三是讲清楚学习的方法和本节知识在高考中的地位和作用。同时教师的精讲还要注意"三讲、三不讲"的原则。"三不讲"指的是：学生预习时能学会的内容教师不讲，学生通过小组合作学习能弄清楚的内容教师不讲，教师讲了学生也听不懂的内容不讲。"三讲"指的是：对学生暴露出来的问题、疑惑之处、学生出错的地方，要大讲、特讲，要讲清、讲透为什么错、过程方法、原理、学科思想等重点知识、重要概念。

（4）当堂训练。当堂训练就是在课堂后期进行课堂测试，这样就能让学生在前几个阶段主动、紧张、高效地学习。学生通过当堂检测，把所学知识转化为考试的能力。在此环节中，教师的职责是监考，之后当堂检查，面对面批改，反馈、纠正。当堂训练的特点是针对性好、典型性强、梯度性高。这种教学模式的好处在于，老师在课堂教学过程中不再是满堂灌，学生成为课堂的主人，学生通过大量的练习使学科素养得到提升，课堂教学效率自然也就提高了，从而真正构建出高效课堂的教学模式。

（5）课堂小结。学生在一节课的学习后，可能无法理清新旧知识之间的联系。为了让学生将所学知识形成网络化，教师可以采用课堂小结的方式，帮助学生梳理新旧知识的差异与联系，引导学生突破难点知识。课堂小结是课堂教学的重要组成部分，适当的课堂小结能够帮助学生巩固所学知识，构建知识体系。

良好的开端就成功了一半，正因为笔者对课堂教学改革的热情从未减弱以及对新的教学方法大胆实践与不断探索，从教仅两年后，笔者所带的首届高中物理教学班在 2004 年贵州省普通高中会考中优良率超省、超州 10%以上，2006 年所带的两个普通班各有 3~5 人考上重点大学（其他普通班最多考上 1 人）。

2006 年后，笔者更加注重个人的学习，对课程教学改革方面的学习更是达到了痴狂的状态。正如孔子所说，"好知者不如善知者，善知者不如乐知者"，兴趣是最好的老师。所以能否激发学生主动学习的兴趣，是能否打造高效课堂的关键。为此，笔者不断听课并思考如何调动学生在课堂上快乐地学习，在听课过程中，还特别注意学习其他老师如何调动学生学习的积极性和主动性。笔者对全校学生的学习习惯进行问卷调查和个别访谈，总结出本校高中生学习兴趣不浓的主要原因有以下几点：一是多数学生对自己的未来缺乏规划，导致学习目标不明确；二是教师课堂教学方式陈旧，教师的满堂灌让学生没有动手机会，课堂缺乏生气；三是有的学生基础差，课堂上跟不上老师的节奏。所以我在每一节课的教学过程中尽可能地培养学生的学习兴趣，让课堂效率达到最大化。

同时在课堂教学过程中教师要时常让学生感受到学习成功后的喜悦。苏霍姆林斯基曾经说过："请记住，成功的乐趣是一种内在的情绪力量，它可以时时促进学习的愿望。而且无论如何也不要让这种内在力量消失，否则，任何巧妙措施都是无济于事的。"因此笔者在课堂上注意捕捉学生的闪光点，然后实时地表达赞赏之情，并对表现特别优秀的学生给予一些奖励，如加分、颁发奖品等。十次说教不如给学生一次表扬，每个孩子都希望得到老师表扬，哪怕只是一个眼神的鼓励，学生在课堂上如果从来得不到老师的赞赏，久而久之他就会渐渐远离课堂，从而丧失学习的兴趣。要知道，有时候老师一个小小的表扬就可以点燃孩子的希望与梦想。因此在听课过程中，笔者非常注意借鉴优秀教师对学生鼓励性的话语，课后把这些话记录在自己的笔记本里，以便在自己的课堂上可以拿来用。

2016年7月，榕江县第一中学开展了轰轰烈烈的课堂教学改革活动，笔者作为榕江县第一中学课堂教学改革的核心成员，有幸先后到了福建省的福安一中、江苏省的洋思中学、贵州省的余庆中学等课改先进学校进行考察学习，在跟课改专家的交流中，接触到了更多的课堂教学改革模式。

1.2.3 福安一中的"五环"教学模式

余文森教授认为，主动学习是学生个体发自内心、积极主动、心甘情愿的学习态度，是一种出自情感和兴趣的自发学习过程，是学生学习能力的一种体现。福安一中的在研究学生主动学习的内在因素后，在不断的课堂实践中总结出了"五环"教学模式。

"五环"教学模式最主要的方法是采用任务驱动模式开展课堂教学，具体体现在课堂教学以问题为目标导向、加上以课堂评价为手段，利用学习任务驱使学生在教师的正确引导下按时保质保量地完成学习内容，实现课堂教学的高效性。

"五环"课堂教学模式的首要任务，是培养学生主动学习的能力。"五环"教学模式的要求是：学生在课堂上学会应用所学知识解决实际问题的能力，增强学生智育和动手能力，通过学习让学生把知识转化为解决实际问题能力，用所学知识为生产实践活动服务。

"五环"教学模式基本程序为：

1. 课前先学先行

该教学环节的目的是激发学生自主学习的能力，充分调动学生学习的兴趣，培养学生综合学习能力；让学生形成高效主动学习的良好习惯；提高课堂教学的效率，从而构建高效课堂教学模式。

在课前预习的先学先行环节，对学习的要求如下：

（1）课前教师下发预先准备好的预习案，学生在教师的引导下，根据预习案的学习目标和任务，在课前完成预习。预习时除了要完成课文重难点知识学习外，还要并自主、限时完成探究案上的题目。

（2）学生通过预习发现疑难问题，带着疑难问题在课堂上跟着教师逐一解决疑难问题。

（3）学生根据自身的情况，利用课外时间将学习的重心前移。

（4）学生合理安排预习时间，并正确处理好预习与课后作业的主次关系，预习任务没有完成时，学生优先选择完成预习内容。

（5）学生在预习环节的表现，纳入学业过程评价，计入模块成绩。

在课前预习的先学先行环节，对教学要求如下：

（1）先学任务一定要布置得明确具体，用好预习案。教师在课前对学生落实预习完成的情况进行检查并评价，将学生预习的评价结果纳入平时成绩评价范围，预习案中的基础自测题提倡组间学生交叉批改，特别是数理化科目中的主观题目。

（2）教师积极引导学生合理安排课前预习的学习时间，同时要协调好各学科预习以及完成课后作业所需的时间分配关系，必要时由学校或年级组或班主任召集各班学科任课教师进行协调，并且积极取得家长的支持与配合。

（3）各学科教师要在学期开始前结合本班学生的实际情况制订学期教学工作计划，引导学生按照教师制订的教学计划进行学习。

2. 诊断学情，反馈课堂问题

这个环节是为了准确掌握学生自主学习能力和对教材内容掌握的程度，提升课堂教学的有效性。在课堂教学过程中，为了充分调动学生自主学习的主观能动性，提高课堂教学效率，课前教师要想方设法促使学生提前预习，课堂上教师重视学生预习的成果。同时教师在课堂教学时采取"三讲""三不讲"的策略，培养学生养成良好的学习习惯，一改之前教师不顾学生实际情况、凭经验主义和自己的直觉开展低效课堂的不良教学习惯。

在这一环节，教师通过简洁的语言或实际生活情境引出新课，并利用多媒体展示课题或在黑板上板书课题名称。同时，展示本节课的学习目标任务，让学生做到心中有数，进而激发他们的学习兴趣，调动其主动参与课堂学习的积极性，使学生能够围绕教学目标任务展开主动学习。需要注意的是，教师在制定学习目标时，应以掌握基础知识、提升综合能力为根本，拓展的教学内容在广度和深度上不得超出课程标准的范围。

3. 课中师生、生生互动讨论

这个环节是课堂教学中最重要的组成部分，也是最能体现教师个人人格魅力及课堂引力的中心环节。本环节通过教师与学生互动、学生与学生互动和教师精讲总结，逐一引导学生具备利用所学知识分析、解决实际问题的能力。通过学生小组间的讨论来取长补短，通过教师的点拨来拓宽学生抽象思维的能力，通过教师的精讲使学生在知识的深度和广度方面得到提升。学生通过自主学习，可以培养良好的学习习惯；通过课堂中小组讨论、学习成果的展示活动，则可以培养学生独立思考能力、语言表达能力、团队协作精神，增强集体意识等。这样就能从根源上解决学生上课时只听不练、被动接收、不主动思考问题、不参积极与课堂讨论的不良习惯。

4. 课内训练巩固

教师采用当堂检测训练的方式检测每个学生是否做到"堂堂清"，同时培养学生养成快速、规范、有效完成课堂作业的良好习惯。

课堂检测反馈分为检测和反馈两个步骤进行。第一步先进行检测，教师通过预习案的题目来检查学生预习的完成情况，教师在检查学生预习完成情况时掌握学生预习时存在的问题。第二步课堂检测反馈，就是通过课堂检测的形式统计出学生出错的问题，及时总结后，布置相关的课后作业进行巩固。教师根据梳理出来的问题，再确定下一次课的教学内容。故"五环"教学法实现了师生在课堂教学中的平等地位，课堂教学在轻松愉快的氛围中进行，这样有利于激发学生主动学习的兴趣，在课堂的展示过程中培养了学生综合能力，提高了课堂效率。

5. 将课堂知识拓展延伸至课外

教师可以布置学生自己动手和亲自参加课外实践活动，鼓励学生将课堂上学到的知识运用到实际生活中去，这样学生不仅能做到将知识活学活用，也能满足学习能力突出、资质较好学生的求知欲，同时还使学生学科核心素养得到提升。

1.2.4 洋思中学的"先学后教，当堂训练"教学模式

洋思中学经过多年的课堂教学实践，创新提出了"先学后教，当堂训练"的教学模式。该模式的核心在于：教师的职责是教导学生如何学习，而非单纯传授知识，即以学生的学习为导向，根据学情确定教学内容和方法，以促进学生学习，而非强制学生学习。该教学模式可以分为如下流程：

（1）先学。课前教师利用多媒体言简意赅地出示本节课的学习内容；根据教学内容提出预习要求，并对学生进行预习前的指导；提出与教学内容相关的问题，指定预习内容；规定预习时间；完成导学案上预习题目。

（2）后教。教师在学生预习后，课堂上采用师生互动、生生互动的方式开展教学。对学生无法消化的疑难问题，教师再进行细致的讲解。

（3）当堂训练。在实施完学生先学、教师后讲的教学环节之后，教师安排学生进行课堂的限时训练，主要目的在于利用本节课的知识解决不同的问题，巩固本节课所学的疑难点知识。在课堂教学中，学生主要经历"学生独学—个体思考—学生训练"的学习过程。

2016年8月，在学校领导的带领下到洋思中学参观学习后，笔者对洋思中学课改模式印象最深的有以下4个方面：

（1）在教学理念方面：教师在课堂教学中扮演的角色是教会学生学习，其责任不在于教知识，该校的教学理念归纳为课前先学先行，课中以学定教，不学不教。

（2）在教学策略方面：

① 学校严格执行教师每节课的讲课时间不超过10分钟，多数情况下教师的讲课时间在8分钟左右，甚至有的教师只讲课5分钟。学

校压缩教师的讲课时间，从而保证学生每节课有更多可以自由支配的学习时间。

② 各学科教师积极采用"先学后导，随堂训练"的课堂教学模式。全校各年级各学科科任教师根据不同学情可适当调整教学流程，但教师能精讲绝不能多，每节课都必须留有足够的时间让学生自习。

③ 教师引导学生总结学习方法。教师根据学生认知水平和学习能力为学生量身定制学习方法和策略，让每个学生在教师的引导下，逐渐形成良好学习习惯。

④ 小组合作学习与组内团结协作能力是自学力量的动力和保障，让学生通过组内相互帮助培养团队协作意识，优生帮助后进生弄懂疑难问题，这样既可以增强优生对重难点知识的巩固与理解，又能使小组协作学习能力得到提升。

⑤ 教师专业素养功底需深厚，教师在课堂上的形象、人格魅力、教学功底、教学教法的艺术性等都会让学生耳濡目染，学生喜欢一个老师，他肯定会努力将自己的学习搞好，由此可见，要构建高效课堂教师的综合能力是必不可少的。

（3）集体备课具有针对性，具体体现为：

① 备课组的集体备课内容主要是围绕如何引导学生有效学习。

② 集体讨论下周每一课时教学策略及方法；

③ 教师精准布置学生课前预习的内容和时间。

④ 精心设计当堂训练题，尽量让学生在练习时暴露出问题。

（4）在教师备课方面：

① 备教学重难点内容。

② 备学生学习方法的引导。

③ 根据学生实际能力，备学生如何思考问题，总结出学生思考的方法技巧。

④ 备如何设计检测题。

观摩学习省内外课改先进学校后，在榕江一中校长邱国民的带领下，我们也积极地探索适合我校学情的课堂教学模，式即"143"课堂教学模式。

1.3 感受高效课堂

笔者立志成为学生爱戴、家长放心、学校满意的好老师，从参加工作开始就一直在教学的第一线，天天和学生接触打堆，和学生做朋友；每次和新同学见面都主动进行自我介绍，以期拉近彼此的距离。

1.3.1 怀着"爱心"，"用心"上好每堂课

新课程标准明确提出，教师应当为培养合格的社会主义接班人而奋斗终身。中小学是学生发展的关键时期，课堂又是教学的主阵地，这就要求广大教师不断地修炼"内功"，提升自己的业务能力，上好每一堂课。而要上好一堂课，教师需要做到"用心"和"爱心"。

常言道：世上无难事，只怕有心人。态度决定一切，教师要上好课，最基本的要求是要有积极的态度，课前要认真备课。多数学生上课前20分钟精力最集中，这就要求教师精心准备教学内容并放在课堂前20分钟进行讲解。教育家陶行知说："爱是一种伟大的力量，没有爱，就没有教育。"魏书生老师也说过："教师应具备走进学生心灵的本领。育人先育心，唯有走进学生心灵世界的教育，才能引起孩子心灵深处的共鸣。"足见爱心在课堂教学中的重要性。如果教师能将"用心"和"爱心"贯穿整个课堂教学，学生的学习欲望就会十分高涨，教学效果自然也会更好。

1.3.2 打造高效课堂，促进师生共同成长

课堂教学是师生双边互动的过程，其本质是教师借助教材等实物，在教学过程中实现师生相互成长。所以，构建高效课堂的目的就是提升师生的综合能力。

能力指的是做事的本领。能力反映了个体在某项工作中完成各类任务的可能性。因此，能力是顺利完成某一活动所必需的主观条件，是直接影响活动效率的重要因素，也是使活动顺利完成的个性心理特征。

高效课堂的形成，必然会推动教师能力的提升。教师应具备以下能力：拥有高深的学科知识，精通教育教学理论及基础知识，且知识面要比课程标准更宽广；通晓社会学科和自然学科等知识；具备良好的语言表达能力，因为课堂教学主要依赖语言表达来进行，所以教师的语言必须清晰明了；教师作为人类灵魂的工程师，还应有良好的职业道德，教师职业道德的高低直接影响素质教育的成败，有职业道德的教师一定会对学生进行世界观和人生观的教育。这些都是教师能力的体现，而教师只有具备较高的能力，才能确保高效课堂的顺利实施。

1.3.3　学生主动参与学习，提升课堂的"质"和"量"

我们知道，课堂教学过程是学生在教师指导下，有计划、有目的地开展的实践活动。教师是"教"的主角，学生是"学"的主角，二者只有有机结合，才能真正实现高效课堂。而实现高效课堂的关键一环，是培养学生的主动学习能力。所谓主动学习，是指学生在学习时呈现出积极、主动的心理状态。学生主动学习主要体现在以下几个方面：

（1）积极好奇，提出问题。孩子有好奇心，表明他们会关注周围事物。当他们对某件物品产生好奇并以各种方式提出问题时，这就是他们主动学习的第一步。

（2）思辨怀疑，沟通交流。学生获得知识后，不是一味地单向接受，而是对比自己的想法再次求证。他们能大胆提出自己的观点，并与他人友好交流，了解和吸纳其他同学的看法。

（3）独立思考，判断决策。主动学习的孩子会根据自己的认知进行更深入的思考，这使他们明显有别于被动学习的孩子，因为他们的表达源于自己的思考，而非仅仅来自老师的思想。

（4）参与承担，管理协作。主动学习的孩子更倾向于参与思考过程。他们愿意并勇于在实践中协作，承担一定的责任，从中学习到在理论课程中难以透彻理解的知识。在不断实践和思考中，他们会更容易掌握学习技巧，形成自己的学习模式。

好的学习方法要求学生自己判断出学习的重难点，明确各部分知识的掌握程度，并合理分配学习时间。学习需要极大的主动性和自由度，只有掌握了主动学习能力的孩子，才能立足现实，在成长和社会化的过程中构建适合自己的学习模式，帮助他们在长大后，即便面对海量信息，也能保持持久且积极的学习动力。

教育家布鲁纳指出："教一门学科，不是要求他们把一些公式、定理、定律机械地记下来，而是教他参与知识学习，并把所学知识串联起来的过程。"想让学生主动学习，教师就应让学生积极参与课堂教学。教师在课堂教学中，不仅要传授课本知识，更要培养学生举一反三的能力。也就是人们常说的"授人以鱼，不如授人以渔"。为此，教师要努力学习新的教育教学理念，真正把课堂还给学生，让学生主动参与到课堂教学过程中，亲身经历知识体系的建构过程。只有这样，学生才能在课堂探究和实践后，从"要我学"转变到"我要学"。

在课堂教学中，教师的作用是外因，学生主动学习是内因。作为学习活动的主体的学生，如果一味依赖教师的督促来学习，教学效果一定达不到高效。因此，学生在课堂教学中要有明确的学习目标；所以，培养学生学习的自觉性显得尤为重要。比如：在教授学生电路一课时，教师应让学生懂得，学好"电路基础"知识不仅是祖国建设的需要，也可能是他们将来立足社会的基础，还是大学理工科的基本知识，这样就会激发学生学习的主动性。由此可见，在课堂教学中，教师要将培养学生学习的主动性与思想教育有机结合，让学生在课堂教学中有具体的学习目标，才从而充分调动学生学习积极性。让学生主动学习，并没有固定的方法和模式，需要教师在日常教学过程中去探索和总结。只要教师用心，一定能摸索出一套促进学生主动学习的好方法。

1.3.4　构建高效课堂的策略

随着新课程改革的深入推进，寻求有效的课堂教学方法成为必要，因此，构建高效课堂成为教师的目标。在新课程改革中，教师的教学方式趋于多元化。如何在课堂教学中提高教学效率，是教师在教学实践中面临的难题。笔者结合自身教学实践，认为构建高效课堂的策略包括：

第一，教师深入挖掘教材的本质内涵，实施有效教学。新课程标准要求教师"要对教材基本内涵进行深入的加工，精心设计好教学过程，将教材用活"。这意味着教师需要在课前梳理和反思低效、无序的课堂行为并加以改进，以确保课堂教学的高效性。在教学过程中，教师可以根据学生的认知水平、接受能力等实际情况，对教材内容适当改进或补充，从而明显提高课堂教学效率。例如，在人教版高一年级物理必修第二册第六章第四节"生活中的圆周运动"一课中，教材列举了火车转弯、汽车过拱形桥、航天器中的失重现象、离心运动四个内容。然而，生活中的圆周运动还包括竖直面内的圆周运动，如轻绳、轻杆模型等，但教材中并未涉及此内容，而这两项内容在高考复习中又是必不可少的。因此，为了实现高效课堂，教师在课前必须深入细致地研读教材和课标，将竖直面内的圆周运动——轻绳、轻杆模型等内容添加到教学过程中。

第二，关爱学生、营造良好的课堂氛围。教师以仁爱之心对待学生，鼓励学生积极参与课堂教学并发表个人见解；善于发现学生的闪光点，创造机会让学生体验成功的喜悦；对学生的进步或良好表现给予赞许，让学生时刻感受到老师的关注，从老师的关注中获得温暖，进而获得学习的动力。心理学研究表明，人在轻松愉悦的环境中，思维最为活跃。如果学生在轻松、愉悦、和谐的课堂氛围中学习，就更能激发良好的学习状态，充分调动学习兴趣，从而提高课堂教学效率。

第三，利用导学案开展课堂教学，提高教学效率。捷克教育家夸美纽斯说过："找出一种教育方法，使教师因此可以少教，但是学生多学。"由此可见，课堂教学方法也不能忽视。导学案的教学策略符合新课程改革"以学生为中心"的理念，能使学生从被动学习转变为主动学习。课前，学生在预习案引导之下进行课前预习，达到先学先行的目的；课堂上，通过小组合作学习、教师精讲、学生成果展示、课堂检测等环节，学生消化、巩固所学知识，提高课堂教学效率。

第四，实施分层教学，提升课堂效率。学生个体存在差异，在认知能力、语言表达能力、心理承受能力、知识储备等方面各不相同，因此学习过程中会出现差异。教师不仅要准确把握学生的发展差异，还要注重因材施教，确保课堂教学面向全体学生，推动每一个学生的发展。为此，教师在课堂教学时，应根据学生的认知能力设定教学目标，设计分层教学内容和练习，对于部分认知水平高、思维活跃、接受知识能力强的学生，教师要求他们尽量完成多个层次的练习；对于接受能力一般的学生，完成基础题和提升层次的练习即可；而对于接受能力差、思维不灵活的学生，则要求他们完成基础习题。这样的分层教学模式，可以让每一位学生都得到发展。

第五，课后及时反思，提升课堂效率。课后，教师应及时反思本堂课的成功与不足之处，比如：时间安排是否合理、教学效果是否达到预期、学生为何走神、学生如何思考教师提出的问题、课后作业为何出现这么多错误、学生在课堂上的参与程度等。通过不断地反思，为未来的课堂教学做好更充分的准备。

第六，课堂上采用灵活多样的激励机制，让学生感受成功的喜悦。如此，既能充分调动学生的学习积极性，又能让学生体会到学有所成的快乐。通过教师的激励，学生在课堂中逐渐树立自信心。尤其当学生表现良好时，教师及时给予鼓励，如一句"孩子，你真棒，继续努力"，能让学生获得更大的学习动力。当教师成为学生心中值得信赖的长辈、朋友时，他们会对我们所教的学科特别感兴趣，在课堂上会更加专注地学习，这对构建高效课堂有非常重要的作用。

第七，真正将课堂的支配权交给学生，让学生成为课堂的主人，教师则转变为课堂教学的编导。教师在课前精心设计探究问题后，组织学生分小组开展自主探究和交流合作学习，与学生共同完成课堂教学的目标和任务。这种从教师满堂灌、学生机械参与到学生主动参与的转变，调动了学生的学习积极性，提高了学生的学习兴趣，进而提升了课堂效率。物理学科课程标准明确指出：学生在课堂教学过程中学习物理知识的重要途径，应当是通过自主探究、交流合作的方式来实现。这要求物理教师在课堂上引导学生通过课前预习、课中合作探究、小组展示交流等学习形式来获取知识，从而使每一个学生都能主动参与教学过程。

无论课堂教学改革如何发展，高效的课堂教学始终是教师们不变的追求。新课程改革实施后，学生在小组讨论中学会了交流，在合作中学会了分享，在课堂展示中提高了语言表达能力，在课堂中感受到了成功的喜悦。以"匀变速运动位移与时间的关系"一课的教学为例，学生针对老师提出的问题"说出匀速直线运动位移的计算方法"展开讨论，然后教师要求学生画出 $v-t$ 图像，让学生观察 $v-t$ 图像中矩形面积与匀速直线运动位移表达式的对应关系，学生总结得出 $v-t$ 图像中图线与时间轴所围的面积等于这段时间内物体发生的位移。接着，教师引导学生猜想：匀变速直线运动是否也存在类似的位移与面积的对应关系？教师通过多媒体展示时间变短后位移与面积的关系，引导学生观察并分析出时间分割越细，位移与面积的差值越小。教师进一步引导：若将时间无限分割，时间间隔取无穷小时，所有小矩形的面积之和恰好等于 $v-t$ 图像中速度与时间围成的面积。然后，教师引导学生根据 $v-t$ 图像中梯形的面积公式 $S=\dfrac{1}{2}(OC+OB)\times OA$，将图像中的各条线段替换为所代表的速度、时间，公式变成 $X=\frac{1}{2}(v_0+v)t$。再把速度公式 $v=v_0+at$ 代入，得到匀变速直线运动的位移与时间关系式为 $X=v_0t+\frac{1}{2}at^2$。

  这样的课堂教学方式，不仅为学生提供了自主探究、小组合作学习的平台，还将不同学科的知识联系起来，提高了学生的动手能力。在课程改革的背景下，教师只有不断探索和积累高效课堂的理论与策略，才能真正培养学生的物理学科能力，为全面提升学生的学科核心素养，促进学生德智体美劳全面发展贡献自己的一份力量。

第 2 部分　生成高效课堂教学模式

2.1　榕江一中"143"教学法

  贵州省榕江县第一中学有三千多名在校生,其中三分之二以上来自偏远农村,90%是少数民族,班级人数多,有的班级甚至多达 70 多名学生。在这样的情况下,如何满足家长对优质教育的需求,全面提高教育教学质量,是学校领导和所有教师亟待思考的问题。此外,《国家中长期教育改革和发展规划纲要》明确指出:"更新教学观念,提高课堂教学效率""培养学生自主学习能力""注重思学合一,课堂上提倡合作协作式、科学探究式、师生互动讨论式、渐进式教学,帮助学生学会学习"。《普通高中课程方案》也指出:"教师应积极创设愉悦的课堂教学环境,这有利于引导学生主动参与学习,提高学生主动学习的积极性以及团队协作、分析与解决实际问题等综合能力。"这些新时代的要求与传统教育思想的碰撞,加剧了教育改革。新课程改革虽已提出多年,但在我校实际课堂教学中,学生的自主、合作、探究和创新学习并未得到体现,课堂教学仅仅是教师传授知识的一种形式,"填鸭式"教学依然普遍存在,严重影响了课堂教学效果。因此,我校课堂教学亟需改革,寻找提高课堂教学效果的有效途径成为当务之急,"143"课堂教学模式应运而生。

2.1.1　"143"教学法的内涵

  学习的过程是学生在教师的引导下通过自主、合作、探究来解决问题的过程。要实现课堂教学高效增分，关键是教师的引导，核心是学生的自主学习，重点是学生的训练。"143"课堂教学模式是根据学生在学习过程中"预习、上课、作业"的流程而设计的。"1"是指课前预习；"4"是指课堂教学的学、展、讲、练四个环节；"3"是指课后的"三清"，即日日清、周周清、月月清。"143"课堂教学模式体现了"学生为主体，教师为主导，训练为主线，先学后教，当堂训练，以学定教，以教导学，不学不教，不练不讲"的教学思想，是实现课堂教学高效增分的有效方法。

1. 课前预习

学生通过课前预习，初步完成以下预习任务：

（1）按照教师课前下发的导学案中的要求预习教材内容，根据预习案中的问题，找到教材中的重点知识并初步学习，预习后将疑难知识点标注出来，等待老师在课堂上讲解消化。

（2）完成预习案中的练习题和课后 2~3 道习题。

（3）列出困难和疑惑的提纲，以便在课堂上请教同学和老师。

（4）回顾和复习与本节课相关联的知识。

2. 课堂教学四环节

（1）学，指学生根据教师课前展示的学习任务，通过阅读教材、查阅相关文献等，独立自主地完成导学案上的相关问题。

① 教师展示学习任务。教师通过多媒体（导学案）展示本课核心素养目标并作简要讲解。

② 学生自学。学生自己按独学、启发、讨论、复习、改错、小结"六步"学习法独立完成导学案练习题。

③ 明了学情。教师走到学生中间，通过看、听、问等了解学生学习情况（师生间只能轻声交流，不影响其他同学学习），以便下一阶段调整教学策略，实现以学定教。明了学情包括：Ⅰ. 了解自学的进度；Ⅱ. 了解哪些是学生会的，哪些还不会；Ⅲ. 了解学生的疑惑和困难；

Ⅳ．关注有问题的学生，关注学生的问题；Ⅴ．关注备课时估计不了的超越了预设的问题。

④ 学生自学时教师要做到"两不勤、四勤"。"两不勤"即手不勤、嘴不勤；"四勤"即眼勤、腿勤、脑勤、耳勤。

（2）展，即学生的激情展演，是对导学案完成情况的检查，也是通过师生互动对知识进行拓展、深化、活化的过程。

① 老师指定要展示的《导学案》中的探究性的问题，或具有代表性的问题。

② 学习小组代表口头或上讲台（带上答题小黑板）讲解。

③ 学生提问、质疑。

④ 教师点拨拓展、深化、活化。

⑤ 教师对学习小组进评价。

（3）讲，即教师的精讲。一是对知识来龙去脉的梳理，二是对重点知识的强化、深化、活化，三是讲清楚学习的方法和本节知识在高考中的地位。教师的讲还要注意：学生会了的不讲，讲了也不会的不讲。教师在精讲时要做到：

① 讲学生暴露出来的问题，困难之处，疑难之处；

② 讲学生出错的地方，为什么出错；

③ 讲知识来源、定律原理内容、解题方法、学科思想；

④ 对重点知识、重要知识要大讲、特讲，要讲清、讲透；

⑤ 对重点知识、重要知识要求学生当堂理解并记住；

⑥ 通过典型例题讲解，实现本节知识巩固和应用；

⑦ 通过针对性训练实现举一反三。

（4）练，即当堂训练，也就是课堂测验。这样能促使学生在课前预习、小组合作探究等阶段积极、有效地参与学习。当堂训练可以检查学生将所学知识转化为解决问题的能力，也是高效落实学习任务的重要环节。在学生进行当堂训练时，教师要做到以下几点：

① 督促学生按时完成训练题目。

② 当堂检查，面对面批改，反馈、纠正。

③ 做到堂堂清，即对当堂训练没有达标的学生，通过学习小组和老师课后辅导以及反复训练使其达标。

④ 训练题目要有针对性、典型性、梯度性、深度性。

⑤ 训练题的类型要包括：必做题（针对全班，注重基础）、选做题、深化题（供中等程度的学生选做）、提高题（针对尖子生设计，有一定难度，利于拔尖）等四种类型。

3. 课后"3清"

"3清"，也就是日日清、周周清、月月清，指的是每天、每周、每月对所学知识进行复习总结、查缺补漏、巩固训练、单元检测和质量分析。对于未达标的学生，可以采取延长学习时间独学、学习小组帮助、教师个别辅导、学法指导、针对性训练、班主任谈话等方式帮助其达标。"3清"工作的开展既符合记忆规律，又能让学生时刻有学习目标和任务，从而产生紧迫感，实现高效学习。要想让"3清"取得成效，需要教师坚持不懈、清查到位，学生也需要全力以赴。

"3清"的内容及操作方法如下：

① 日日清：要做到日日清，学生必须先做到堂堂清。课后，教师组织学生用3~5分钟回顾本堂课的知识，闭目静思，在大脑中"放电影"般回顾内容，记不起来的马上看书或笔记，并动手写一写。对于当堂训练未过关的学生，利用课余时间（主要是早、晚放学后）进行针对性的个别辅导或小组辅导，反复检测直至合格。日日清，就是学生在睡前用半个小时对当天所学知识进行"放电影"式的回顾，特别是重要的概念、规律的内容及其来龙去脉，典型例题的思路和方法。回忆不起来的马上翻书或翻笔记本，记下疑难和困惑，第二天请教同学和老师。

② 周周清：一是指周末用一定的时间对本周所学知识进行回顾、总结；二是周考达标检测时，教师对不达标的同学进行针对性的个别辅导或小组辅导，强化训练，直至合格。

③ 月月清：每月一次的复习和检测，对不达标的同学进行针对性的个别辅导或小组辅导，强化训练，直至合格。

2.1.2 "143"课堂教学法的理论基础（学习金字塔理论）

学习金字塔理论（图2.1.1）是美国缅因州国家训练实验室研究的新型学习理论成果，它采用数形结合的形式，形象地展示了学习者采用不同的学习方式，经过两周以后仍然能记住的学习内容的比例，即平均学习保持率。它是一种非常先进的学习理论，于1946年由美国著名学者、学习专家爱德加·戴尔首先发现并提出。

在该理论体系中，位于最顶端的是学生听讲的学习方式，其平均学习保持率最低。这意味着我们最熟悉和常用的教学方式，实际上学习效果最差，两周后学习者只能记住5%的学习内容。通过"阅读"方式学习的学生，两周后可以记住10%的内容。采用"声音、图片"等视听方式学习的，能记住20%的内容。学习者通过演示、示范的学习方式，记住的学习内容仅能达到30%。采取"小组讨论"学习方式的，能记住50%的学习内容。通过"做中学"或"实际演练""马上应用"等实践形式学习的，能记住高达75%的学习内容。而位于金字塔最底端的学会将知识传授他人的学习方式，能记住的学习内容多达90%。具体参见图2.2.1。爱德加·戴尔指出，平均学习保持率低于30%的几种学习方式，学习效率低下的原因是学习者没有主动参与学习；而学习效率高于50%的学习方式，都是学习者参与团队学习和主动学习的结果，因此学习效率都比较高。

	学习方式	学习内容平均留存率
被动学习	听讲（Lecture）	5%
	阅读（Reading）	10%
	视听（Audiovisual）	20%
	演示（Demonstration）	30%
主动学习	讨论（Discussion）	50%
	实践（Practice Doing）	75%
	教授给他人（Teach Others）	90%

学习金字塔　　资料来源：国家训练实验室 美国缅因州（National Training Laboratories）

图2.1.1　学习金字塔原理

学习金字塔理论为"143"课堂教学法提供了理论依据与实验支撑。在课堂教学中的"小组合作探究"环节，学生有足够的时间和空间去参与自主学习、实验探究、分组合作，经历提出问题、假设猜想、推理演算、实验论证等活动过程。这不仅为学生进行当堂训练提供了保障，更有助于提升他们的开放性思维。

高中物理课程明确规定："让学生学习终身发展必备的物理知识和技能，学习科学探究方法，发展自主学习能力，养成良好的思维习惯，发展好奇心与求知欲，发展科学探索的兴趣，实事求是的科学态度和科学精神。"可见，合作探究型的课堂教学模式，是当今高中物理课堂教学的迫切要求。

2.2 榕江一中"143"课堂教学改革相关制度

只要有考试，就需要追求分数和升学率，并且要光明正大地追求。分数反映了学生的素质，为学生的发展提供了机会。然而，教育的最终目标是培养全面发展的学生，为他们的终身发展奠定基础，这意味着学生不仅要有好成绩、高分数，还要有健全的人格、良好的心理素质和积极的生活态度。新课程改革倡导"合作、探究"的学习方式，新的教学模式为全面提高教育质量提供了切入点和突破口。衡水中学、昌乐二中、福安一中、洋思中学、杜郎口中学等学校通过建立新的教学模式，落实新课程理念，在全面提升教学质量方面取得了巨大的成功。近年来，榕江一中通过内部管理改革，在高考上线人数和质量上取得了一定的成绩，但与州内一流学校相比，仍有较大差距。不改革就没有出路，要实现后发赶超，构建新形势下的教学模式，实施课堂教学改革是必由之路。

为了积极探索课改实施情况，扎实、稳健地推进新课程改革进程，尤其是推动课堂教学的重大变革，提升育人质量，榕江县第一中学制定了一系列相关制度。为了让各班能够根据组间同质、组内异质的原则建立学生合作学习小组，发挥学习小组在课堂教学中的作用，学校还建立了学习小组建设激励机制，并开展了优秀学习小组评选表彰等活动。

2.2.1 榕江一中课堂教学改革实施方案

榕江一中课堂教学改革实施方案

根据州教发（2016）6 号《关于实施黔东南州普通高中课堂教学改革的通知》精神，制定榕江一中课堂教学改革实施方案如下：

一、课改目标

（一）构建优质有效的课堂。落实自主探究、小组合作学习的新课程教学理念，以教师为导演、课堂为阵地、学生为主体，讲练相结合，高效率、大容量、快节奏、全方位地完成教学计划，提高课堂教学的实效性。

（二）构建适应高考的课堂。学校将以能力培养和思维训练为主线，以"问题"为突破口，以四化（考点知识题型化、同类问题模型化、考试微型化、培优补差精准化）建设为手段，构建适应新高考的课堂教学模式，发现和培养创新型人才，实现高效增分，提高教育质量。

（三）通过课改培养学生自主学习的能力和养成自觉学习、自觉练习的习惯。同时，师生不仅要高度重视课堂，更要高度重视训练，明确课堂为训练服务、训练为高考服务。

二、实施步骤

课堂教学改革是综合改革工程，涉及面广，影响性大，必须做好周密细致的准备工作，稳妥实施。

（一）宣传动员阶段（2016 年 6 月）

实施课堂教学改革是提升教学质量和竞争力的需要；也是促进教师专业发展的需要；是落实学生主体地位的基础，切实调动学生学习积极性、主动性的需要；是适应高考改革的需要。就目前学校的现状来说，说重一点，课改能否成功，关系到学校的生死存亡。师生要转变教学观念，课堂由"讲"得精彩向"学"得精彩转变，训练由不慌不忙向大容量、快节奏转变，学生学习由被动接受向自主、合作转变。不仅要让师生提高对课改的认识，还要让他们享受到课改的成果，自觉参加课改。

（二）调查研究阶段（2016年7—8月）

一是了解课堂教学的现状，从正反两个方面对低效课堂的原因进行分析，找出症结，提出改进意见。二是到省内外课改成功的名校衡水中学、福安中、洋思中学、杜郎口中学等考察学习，借鉴他们课改的成功经验。三是学习国内外课堂教学的新理念、新方法、新手段进行学习。明确目标，理清思路，制定出时间表、路线图。

（三）规范教学模式（2016年9—10月）

教有法，但无定法。根据学校的实际情况制定出高考学科都适应高效课堂教学模式（先学后导，当堂训练，143教学法），并在全校展开实施。各学科、各年级老师根据学科特点，制定出适合于自己的教学模式。课堂教学方法提倡多元化，不搞教学模式、教学内容、教学时间的一刀切。但是，万变不离其宗。课堂教学要始终体现以下教学思想："以课堂为阵地，学生为主体，教师为主导，讲练结合""先学后导，先练后讲，不学不教，不练不讲""学生学习的过程就是学生在教师的引导下紧张高效地解决问题的过程""评课的唯一标准是看效果，效果好的标志是看学生在课堂上是否紧张"。

（四）组织实施（2016年11月—2018年12月）

1. 教师培训（2016年11月—2017年1月）

培训老师，学习新课程理论，领会课改思想，掌握"143"教学法的步骤和方法，会用"143"教学法上课。培训学生，指导学生学会使用六步学习法（预习、启发、巩固、训练、纠错、总结）自主学习，改变学生上课只听教师讲、课堂缺乏训练的被动学习方式。向学生介绍"143"课堂教学法的目标、流程、要求。成立学习互助小组，实现兵教兵，兵练兵，兵强兵。

2. 合格课（2017年2月—7月）

课改领导小组组织专家评课验收，每位老师至少上一堂"143"

教学法模式的课。课堂教学评价分70分以上为达标，未达标的经培训后再上，直到达标为止。

3. 提高课（2017年8月—2018年2月）

课改领导小组组织专家进行提高课验收，每位老师至少上一堂"143"教学法模式的提高课。课堂教学评价分80分以上为达标，未达标的经培训后再上，直到达标为止。

4. 评课（2018年3—7月）

课改教师跟专家组一道随堂听"143"课堂的课。课后按"143"课堂要求进行评课，专家组对评课水平进行评价，70分为合格。不合格继续听，继续评，直到合格为止。

（五）总结反思提高（2018年9月—2019年2月）

总结和反思贯穿于整个课改过程，一是课后对课堂流程、课件、预习案、导学案、训练案进行纠错、删减、补充使之完善；二是对教学效果进行评价，找到影响效果的症结和解决问题的突破口；三是听取学生家长、同行专家的意见和建议；四是每月召开一次课改经验交流总结大会，大会以汇报课、示范课、主题发言、专家报告等形式进行。通过不断地总结和反思，推进课改深入开展。

（六）结题和成果申报（2019年3月—2023年7月）

总结六年课改经验，找到高效增分的策略和方法，形成富有特色、效果显著的"先学后导，当堂训练，'143'教学方法"。同时，申报省州教育科研成果。

三、组织保障

为了推进全校课堂教学改革稳定有序开展，切实加强学校课堂改革领导小组对课改工作的领导，根据各年级课堂教学改革推进过程中存在的实际问题，特此成立校级课程改革工作领导小组。

组　　长：分管校长（1人）

副组长：副校长（4人）

成　　员：课改办公室主任、课改办公室副主任、教务主任、教师发展中心主任、高一年级组长、高二年级组长、高三年级组长、各学科教研组长、备课组长。

课程教学改革领导小组下设办公室，朱启老师担任课改办公室主任，胡道群老师担任课改办公室副主任，负责协调处理我校课改的日常工作。各年级要高度重视课改工作，成立以分管校长为组长的课改领导小组，稳步推进课改工作，力求取得工作实效。

2.2.2 榕江一中"143"教学实施细则

榕江一中"143"教学实施细则（试行）

为了进一步推进课堂教学改革，学校提出以下实施细则，请有关部门和各位老师认真贯彻执行。

一、认真落实课堂教学基本环节中的细节

1. 课前预习与导学环节

（1）要将用于指导学生预习的导学案与用于课堂检测和当堂练习的材料区分开来，用于指导学生预习的导学案课前发放，而用于课堂检测和当堂练习的材料必须当堂上课时发放，不得提前发放。

（2）导学案应由预习案、探究案、训练案、检测案等四个部分组成。预习案的内容要涉及预习目标任务和时间要求等；探究案要注意把课文内容与生活实际相结合；训练案要结合课堂实际，试题内容不宜过多，试题难度系数不能太大；检测案应该是针对学生短板的题型。导学案在设计上既要激发学生学习兴趣又要让多数学生找到学习的突破口，这样才能提高课堂教学效率。

（3）对课前预习的题量和完成时间等要做好要求及限制。

2. 课堂检测和反馈环节（5分钟左右完成）

（1）课堂检测和反馈环节是"143"教学模式的核心环节，该环节是检验课堂教学成败的重要手段，同时也能检验出学生自主学习的效果，更是教师课堂教学能否实施"三讲、三不教"的关键环节。

（2）该环节包括检测和反馈。课堂检测的时间严格控制在5分钟之内，检测题数量不能过多，检测题目的内容必须与预习内容有关联，题型不限，可以是选择题，也可以是计算题，检测题要求精练。检测结束后教师统计学生完成情况并立刻反馈给学生。教师统计检测情况时可以通过每个学习小组组长汇报的形式来实现，一定要避免天天都由成绩好的少数几个学生汇报的情况出现。反馈一般控制在 3 分钟以内。

（3）课堂检测的题量控制最高限量如表 2.2.1 所示。

表 2.2.1　榕江一中学科课堂检测题量汇总表

学科组别	检测题量	检测时长
语文	选择题 3 道、阅读题 2 道	15 分钟
数学	选择题 3 道、计算题 2 道	15 分钟
英语	选择题 5 道、短文改错题 1 道	15 分钟
物理	选择题 3 道、实验题 1 道、计算题 1 道	15 分钟
化学	选择题 3 道、推断题 1 道、计算题 1 道	15 分钟
生物	选择题 3 道、填空题 2 道	15 分钟
政治	选择题 3 道、材料分析题 2 道	15 分钟
历史	选择题 3 道、材料分析题 2 道	15 分钟
地理	选择题 3 道、材料分析题 2 道	15 分钟

3．小组合作讨论环节（20~25 分钟）

该环节包括小组合作讨论学习、教师指导、知识总结与加深巩固三个步骤。(1)小组合作讨论不只是表面上的讨论，而是要求每个学习小组在学科长的带领下对知识进行深入的研究。小组合作学习时全组组员都必须积极主动地参与，通过兵教兵的方法让每个学生都不掉队。为了防止两极分化，教师精讲重难点知识和疑难问题，从而提高课堂效率。(2)教师指导时主要是引导学生完成小组合作学习时无法解决的疑难问题。(3)知识总结与加深巩固则是帮助学生建构知识结构体系，并拓展一些课外相关知识，培养学生学以致用的能力。

4．当堂训练（10~15 分钟）

当堂训练题量要适中，试题难度逐渐加大，不同层次的学生可以要求完成不同难度的题目。当堂检查结束后，教师进行面对面批改、反馈和纠正。对于当堂训练没有达标的学生，通过学习小组和老师课后辅导以及反复训练使其达标。

5. 课后三清练习

教师课后练习题目数量要适量，不同层次的学生完成不同数量和不同难度的题目，使学生达到巩固所学知识即可。

二、严格执行配套措施

（1）积极探索适合校情的集体备课制度，实行每周双教研的集体备课制度，集体备课时间内必须准备好下周上课的导学案、课件、教案、周测卷等。

（2）在目前学生自学习惯的养成阶段，备课组内每一位教师的课堂教学必须在集体备课教案的框架内展示教师的个性。课堂内必须有检测反馈、互动研讨和当堂训练三个环节，上课课件不得与基本教案脱节。

（3）自习和晚自习时间由学生自主学习及小组讨论，辅导教师不能强行挪用。

（4）年级和备课组要采取相应措施，利用自习课和晚自修时间对跟不上进度的学生进行个别辅导、补课，使他们能跟上教学进度。个别辅导、补课的任务原则上由任课教师承担。

三、探索新的课堂教学评价标准

（1）对课堂氛围的要求：教师授课态度积极端正，师生互动张弛有度，学生主动学习，情绪高涨，勇于展示自己的风采。学生敢说，敢问，敢上黑板、讲台展示学习成果。

（2）对课堂教学活动的要求：课堂教学活动形式丰富多彩，学习氛围浓厚，探究案的设计能促进学生养成勤于思考的良好习惯，且能培养学生主动学习、动手能力等综合素质的提升。

（3）对小组合作探究过程要求：小组讨论建议控制在 20~25 min。学生活动人次多，密度大，思维层次较高，人人有份，课堂效果好。

2.2.3 榕江一中关于课堂教学改革配套工程建设的意见

榕江一中关于课堂教学改革配套工程建设的意见

课堂教学改革，不能生硬照搬课改示范校的经验，需要全校师生共同参与进行彻底的教学变革；课堂教学改革也不是一个孤立的某一局部的变革，而是一个系统性工程，改革者必须着眼未来，不计当前得失，整体推进。课堂教学改革能否顺利实施，关键在于学校有无完整配套管理机制。课堂教学改革配套管理机制包括保障机制、问题解决机制、改革质量检测机制三个方面。

一、保障机制

保障机制包括组织制度保障、学习培训保障、舆论宣传保障等。

1. 组织制度保障

（1）成立课改领导小组和督查机构。

成立以书记和校长为组长、副校长和年级部主任为副组长、各处室主任和教研组长等为成员的课堂教学改革领导小组，领导小组加强对课堂教学改革工作的监督，采取行政推进的方式，措施重在落实，落实有力到位。同时设立书记、校长为组长的课堂督查委员会，负责对课堂教学改革工作实施督查；设立课堂教学督导领导小组，小组成员深入课堂听课、听课后当天反馈课堂存在的问题并责令其整改，课堂督查委员会组长跟踪整改情况。

（2）修订完善教研活动制度。

任何学校教育教学工作都不能忽视教研活动，学校教研活动质量的优劣直接影响教学质量的提高，故各学科的教研活动要具有针对性，教研活动要研究课堂教学中出现的问题，并找到行之有效的解决办法；教研活动内容和形式要多样化，开展教研活动要实行五定法（定时间、定地点、定主题、定主讲人、定形式），教研组长结合本组的实际情况，做好每周一次的教研组活动和备课组活动计划并按计划开展活动；教研活动教师的出勤情况纳入年度考核。

（3）修订完善集体备课活动制度。

积极探索适合校情的集体备课制度，实行每周双教研的集体备课制度，集体备课时间内必须准备好下周上课的导学案、课件、教案、周测卷等。

（4）实施自习时间和先学时间保障制度。

学校层面宏观调控作息时间，将白天上课节数由原来的八节变成九节，每节课上课时间由原来的45分钟变为40分钟，确保每天至少有一节自习课，自习课不允许教师私自占用，教师引导学生将自习课时间用于课前预习。年级主任、各班班主任要协调科任教师落实课前预习任务。

（5）学习过程评价与结果评价相统一的成绩评价制度。

学校对学生学习成绩的评价，由原来的只重结果评价（即考试成绩）变为学习过程评价与结果评价相结合，即重视学习过程的评价，把学生课前评价和学生在课前先学、课堂参与互动、出勤情况等过程表现，纳入学习评价过程表现，占模块成绩的20%，考试成绩占模块成绩的80%（分别由年级主任和课程教学中心考核）。这样有利于引导学生重视学习过程，而不是只关注考试结果。

（6）推行作业自主选做和作业免做申请制度。

学生可以根据自己的水平和实力，在教师布置的作业中选择完成；教师允许学生选择作业并指导学生选择，不能一刀切。学生对自己的强势学科认为无须完成的作业，可以向年级主任提出免做申请，批准后可以免做。这两项措施既满足不同潜质学生发展，又减轻学生不必要的负担。

2. 学习培训保障

组织教师全员学习培训、年级教师培训、学科组教师培训、教研组长备课分场培训。同时，以"请进来，走出去"的形式，加强与课改专家、课改先进地区学校的交流。

3. 舆论宣传保障

为推进学校的素质教育，全方位地宣传学校，开创学校课堂教学宣传工作新局面，推动学校教育健康、和谐、快速发展，特成立榕江一中课堂教学改革舆论宣传保障组织，建立学校"课堂教学改革宣传中心"专栏，加强学校网站宣传，充分发挥其宣传阵地作用。由学校办公室牵头,各处室、年级组宣传组成员协助及时上传榕江一中课堂教学的新闻和信息,做到内容不断更新、栏目新颖多样。

二、问题解决机制

课堂教学改革领导小组、课堂督查委员会两大部门联合调研学校课改存在的问题,并针对课改实施过程中可能出现的问题,建立长期跟踪、反馈和解决的制度,正面解决课堂改革中师生可能出现的问题。即解决好学生思想、学习方法技巧、学习效率、教师专业能力、学科协调、教学质量与课程资源等一系列问题。

(1)校内、学科组内公开课实行常态化。语文、数学、英语学科每周一节公开课,物理、化学学科每三周至少两节公开课,其他学科每两周至少一节公开课。让公开课与教科研相结合,与教师基本功培训相结合。通过上课、评课,不断地发现问题、研究问题、解决问题。

(2)建立课堂教学问题跟踪解决制度。学校教学督导委员会成员,每月深入课堂听课;教学督导小组成员每天深入课堂听课,与课堂无缝对接,实时了解课改教学实施情况,发现问题,研究对策,解决问题,逐步推进。

(3)建立立体沟通反馈机制。加强学校课改领导小组与教师、学生和家长之间的沟通反馈,课堂教学改革实施后,学校、年级组不定期召开教师课改培训会,让教师转变教学观念;每月召开一次课改总结表彰大会,由课改优秀教师介绍先进经验,同时也听取部分教师对课改实施过程的建议,以便改进课改中出现的问题;学校每月召开不同层次的学生代表座谈会,听取学生反馈课改实施时课堂教学存在的问题,由年级组出面解决课堂教学中存在的问题;每学期至少组织一次家长课改培训会和家长代表座谈会,培训家长参与到课堂教学改革的队伍中来,同时认真梳理家长代表对课改提出的宝贵意见,使学校课改工作稳步前行。

三、课改工作质量监测机制

课改工作质量监测内容包括:研究课堂教学模式、课堂教学流程、课堂教学评价标准;建立教学评价机制,适时调整课堂教学方法;了解学生学习状态，适时培训学生学习策略，引导学生掌握学习方法和技巧。

（1）抓住课改课堂中的反馈、讨论等关键细节，重点开展研讨，让课堂的每一环节都发挥最大功效，提高教学实效。

（2）改革课堂评价制度。传统课堂的评价制度重评价教师行为（听课教师只观察教师行为），轻评价学生课堂学习行为（甚至无视学生课堂行为）；只重视课堂教学的表象，而轻视课堂教学实际效果，这与课改所倡导的教育理念相违背。课后引入课堂观察的方法，建立以教师为课堂主导、学生为课堂主体，重视学生课堂行为表现、重视课堂实效的评价机制刻不容缓，从而推进课堂教学改革顺利实施。

（3）加强考试的质量分析。学生学习成绩的提高需要通过长期的知识积累才能达到。每次学业质量检测后应及时开展质量分析会。质量分析应在学习过程评价与结果评价相统一的基础上开展，并考虑课堂内外综合素质评价机制。

（4）年段、班级和教研组要采取相应措施，利用自习课和晚自习时间对跟不上进度的学生进行个别辅导，促使他们转变不良习惯，跟上教学进度。

2.2.4　榕江一中班级学生学习小组建设方案

榕江一中班级学生学习小组建设方案

为了推进课堂教学改革与"143"课堂教学模式配套，学校决定制定《关于加强合作学习小组建设的方案》，要求各班按照组间同质、组内异质的原则建立学生合作学习小组，发挥学习小组在课堂教学中的作用，并建立学习小组建设激励机制，开展优秀学习小组评选表彰活动。

年级组督促各班级组建学习小组，通过培训学习小组长，发挥学习小组长的示范作用，增强小组学生的凝聚力，培养学生积极参与课堂互动环节和主动学习的意识，增强学生团队意识和集体荣誉感，为提高课堂教学效率保驾护航。请各年级、班级和任课教师切实遵照执行。

一、课堂学习小组的组建

（1）班主任根据学生认知水平、心理特点、性别、价值取向、兴趣爱好以及家庭背景等方面因素，在学生自愿的前提下组建班级学习小组，每组6~8人。每个组设立组长一名，每个学科长由该组学科成绩最好的同学担任，各小组组建时综合能力等方面势均力敌；每学期末根据教学需要可以适当调整小组成员，学习伙伴发生变更后有利于提高学生交流能力。

（2）建立合作学习小组，改变座位方式。

各班建立座位固定的合作学习小组，学习小组改变传统座位形式，学习小组安排为团团坐，每周轮流改变小组座位位置，确保每位学生视力不受位置的影响。学习小组组员可根据学情进行阶段性调整，以便小组合作学习顺利开展，从而提高课堂学习效率。但是，为了不影响学生的身体健康，按照科学管理的要求，每个小组之间必须按照S形的要求每周轮换座位；小组内部也必须每周轮换角度就座，不得采用抽签等不科学的形式定座位。

二、制定合理的小组学习评价制度

为加强班级对学习小组的考核，班主任应根据班级情况，制定小组合作学习的评价制度。合理有效的考核评价制度，对于确保新型课堂学习效率至关重要。学习小组须遵守各项规章制度。各小组应设学科长，且各学科的学科长不可重复兼任，组长应兼任某一科的学科长，班级科代表也应兼任小组内的学科长，并根据小组成员特点为其安排合适的职务。评价体系应涵盖同伴互助、学科长职责、小组长履职、班级学科代表职责以及科任教师课堂教学评价制度等，借此监督保障小组学习效果。

组长的职责是负责本组的文化建设，组织确定小组名称，制定小组宣言，确定组歌等；处理小组的日常行政事务，统筹管理小组学科学习事务以外的其他事务；对本组成员的学习情况和其他表现做出评价。组长由小组成员推荐、班主任任命。学科长的职责是组织小组开展本学科的合作学习（课内讨论、小组发言、互帮互学和课外互帮互学、完成预习等）；及时做好课堂讨论成果的记录，在课堂上按教师要求反馈讨论情况和成果；检查落实记录小组成员本学科预习（预学案）完成情况（记录表由学校教务处统一印发）并及时向班级科代表和任课教师反馈；对组内成员本学科学习情况做出评价。学科长由学生自荐或小组推荐，任课教师与班主任协商决定。

通过制定组内成员自评与互评相结合、组间互评与教师评价相结合的全方位评价制度，激发学生主动学习的兴趣。教师在课堂上开展小组合作学习，培养学生的合作意识，提升其合作技能。此外，课堂上教师还应设计真实有效的探究环节，确保小组合作学习顺利进行，让学生在合作中转变思想观念。

三、加强小组文化建设，增强小组的学习动力和凝聚力

每个小组必须取一个励志且能表达小组成员共同意愿的组名，确定表达小组成员共同意愿的励志宣言。每个成员提出一个科学合理的奋斗目标，可以包括近期目标（如心中理想的大学）和远期人生理想。小组宣言和个人理想必须在教室中张榜公布。理想是引导学生主动学习的精神支柱，也是学生学习进步的动力，它引导学生树立远大志向。故制定小组宣言和个人人生理想，是激发学生学习动力的重要措施，也是对学生进行理想教育的重要途径。另外，还可以根据小组宣言和共同意愿，确定或创作一首歌曲作为组歌。

各班应积极开展学习小组文化建设主题班会，引导学生树立远大理想，激发其为实现理想而奋斗的动力。同时，建议学生在不同学习阶段适时调整目标，使其充分认识到唯有努力奋斗，方可实现理想目标。

四、制定学习小组建设的评价制度

学校定期开展优秀学习小组、优秀学科组长和小组长以及小组文化建设先进班级等评选表彰活动，还要开展学习小组争先创优竞赛等活动，积极推进小组激励机制的建设。

1. 班级开展学习小组创优竞赛活动

教室内应设置学习小组创优竞赛公开专栏和优秀学习小组风采展示专栏。开展学习小组之间的创优竞赛和优秀学习小组评选活动。

创优竞赛应该包括如下内容：课堂上，小组成员主动积极参与、与教师有良性互动的情况；小组内互帮互学、兵教兵氛围和效果；组长和学科长的作用；小组成员的学习成绩和学习效率；小组成员在班级中纪律、卫生、仪容仪表、参加活动等各方面的内容。

班级优秀学习小组必须具备以下条件：课堂上，小组成员主动发言次数多而且发言内容正确率高，有独到见解，有思维高度；小组内互帮互学、兵教兵氛围和效果良好；组长和学科长能发挥应有的作用；小组成员的学习努力且效率高。小组成绩均分在班级或年级名列前茅或进步显著或后来居上；在班级的纪律、卫生、仪容仪表和各种活动中表现突出且小组成员阶段内没有被学校纪律处分。

班级优秀学习小组的评选方法为：小组成员自评与互评相结合，同时结合学科组长、班干、科任老师、班主任的评价。评选每月进行一次，评选结果将在教室张榜公布，同时还会在此基础上推荐年级优秀学习小组。

2. 年级组负责本年级优秀学习小组评选工作

各班级内部评选出优秀学习小组评选后，向年级推荐 1~2 个优秀学习小组。年级组每月与月考同步开展优秀学习小组的评选活动，并张榜表彰。

五、建立班级学术委员会

为了更好地把握学情，提高教学的针对性和实效性，增强师生间的沟通交流和合作，学校在各班级设立了学术委员会。其主要职责包括：收集和整理各小组在课内外学习中遇到的困难以及提出的问题，并及时向学科备课组长和任课教师反馈；真诚地向任课教师提出合理的教学建议（以不违背课改精神为前提）；检查同学们课前自学预习的完成情况，并及时向任课教师反馈。

六、学分与教分的评价方案

每门学科的每个课题学分，都由学科小组长进行评定，并填写每个课题组员的学分表（表 2.2.2）。每周，学科小组长需将本表交给班级的学科班长，用于统计该组员本周该学科的总学分。学科班长在填写完班级每位同学的周单科学分总表（表 2.2.3）后，将其交给班主任，汇总到周全部学科总表中，统计出每位学生一周内的各科总学分，然后在班上公布，评选出周学习之星。

表 2.2.2　学习小组个人单科课堂学分评价表（自主学分）【一堂课评价】

学科：　　　　组别：　　　　组长：　　　　课题：

组员姓名	预习（2分）	学案填写（2分）	合作讨论探究（0.5分）	出勤、纪律（0.5分）	课题学分
张三					
李四					

注：此表为学科小组长填写留作待查存根。

表 2.2.3　学习小组个人单科课堂学分评价表（自主学分）【一周课题评价】

学科：　　　　组别：　　　　组长：　　　　课题：

组员姓名	课时1	课时2	课时3	课时4	一周总分
张三					
李四					

注：此表为学科小组长填报呈交学科班长。

学科班长对全班每位同学进行周学分评价，评价表入表 2.2.4 所示。

表 2.2.4　班级个人周单科学分评价表

学科：　　　　班别：　　　　学科班长：　　　　周次：

组员姓名	个人自主学分	小组捆绑合作学习学分	周学分
张三			
李四			

注：此表为学科班长填报汇总交班主任。

科任教师对小组每一堂课学分进行小组合作学习捆绑评价（一堂课评价、一周评价），科任教师填写每课堂合作捆绑学分评价表（表

2.2.5、表 2.2.6），每周交班级学科班长汇总各组合作学习小组学分。学科班长把全班每位同学的个人学分与合作学分汇总得出每位同学单科总学分，最后交班主任填写周全学科学分表。

表 2.2.5　学习小组课堂学分捆绑评价表（合作学分）【一堂课评价】

学科：物理　　　学科导师：　　　课题：　　　日期：

组别	探究讨论参与度分（5分）	成果展示正确度分（3分）	精彩点评分（2分）	附加补充价值点评分（每一点加1分）	小组合作总分
第一组					
第二组					

注：此表由科任教师每堂课填写，作为待查存根保留。

表 2.2.6　学习小组课堂学分捆绑评价一周汇总表（合作学分）【一周评价】

学科：物理　　　学科导师：朱启　　　周次：第九周

组别	第一课题	第二课题	第三课题	第四课题	小组合作总分
第一组					
第二组					

注：此表由学科导师根据每堂课的捆绑评价进行一周汇总，然后交由班级学科班长填报个人合作学分。

年级组对教师教学的评价将绩效量化（表 2.2.7～2.2.9）分为两部分，一部分是导学过程量化成绩（60%），另一部分是学生考试成绩（40%）。采用这种比例分配的目的是明确一个主题，即教师的引导过程和学生的自主学习过程是教学的关键。

表 2.2.7　导学过程绩效评价表

教师	学科	学生对导学案使用评价（民意调查）	对小组捆绑学分表填写落实情况	对学科小组长及学科班长的培训（规定次数）	学生对教学态度、水平的满意度评价（民意调查）	总分
张三						
李四						

表 2.2.8　出勤评价表

教师	学科	事假节次 －1分	病假节次 －0.5分	迟到节次 －0.5分	缺旷节次 －5分	满勤 ＋100分	总分
张三							
李四							

表 2.2.9　考试评价表

教师	学科	第一次月成绩	第二次月成绩	第三次月考成绩	期末考试成绩	总分
张三						
李四						

2.2.5　新课堂教学的具体实施部署

一、对导学案的理解

"导学案"顾名思义就是为学生学习提供学习指南的预案，同时也可以解读为教材的"译本"。导学案应该达到引领学生阅读教材、指导学生从教材中获取知识、教会学生运用知识的效果。因此，导学案的编写过程，实则是教师深入了解、剖析、琢磨学生学习心态的过程，是教师对学生心理活动进行诊断的过程；也是教师分析如何理解教材问题的过程。一篇好的导学案，是教师收集学生学习过程信息并加以消化后整编而成的教材指南，可以引导学生主动思考，充分挖掘教材背后的隐性知识，将潜在的知识、问题和技能逐一展现出来。同时，它也能将跨越性思维转化为阶梯式思维，实现由浅入深的逻辑推进。

二、编写导学案的基本原则

（1）坚持导学案与教材的文字句、段对应的原则。导学案的编写必须对应教材的内容标题，对教材的相应段落或字句进行相应的"翻译"，编写时要按教材的标题顺序逐一"解说"，这样才便于学生根据教材的阅读顺序读懂教材。若"译本"与"教本"内容顺序错乱，则会给学生阅读理解教材内容时造成障碍。

（2）坚持引导过程中思维循序渐进的原则。很多教材在编写时对大多问题的表述是具有跨越性的，学生很难一步理解到位。究其原因，是知识跨度大、逻辑思维转换的路径长，学生认知水平跟不上。因此教师在编写导学案时，若遇上跨越性认识的情况，要精心设计问题，即要根据学生的认知水平由浅入深设置问题，从而达到"理顺逻辑"的目的。

（3）坚持"专业"语言通俗化原则。教材中很多概念都具有很强的"专业"性，而学生对专业语言是比较陌生的，因此教师编写导学案时要对"专业语言"进行"通俗化"处理。这就像语文教学中对"古文"词句进行白话标注，或者像少数民族地区的幼小"双语"教学模式。事实证明，适当使用"通俗语言"表达，有助于学生对问题的理解，甚至能达到"一点即通"的效果。

（4）坚持"实践应用"性原则。一篇导学案，不仅要在问与答的过程中让学生获得广博的知识，更要让学生掌握获取新知识的方法，更应着眼于对学生知识应用能力的培养。而应用知识的最高境界就是能够变通知识，即能举一反三。能变通能应用就能提升应试能力，这就达到了我们现阶段导学的目的。所以把一句平常的描述知识点的语句变成很多实质性的热点考题，通常是我们践行"应用性"原则的具体行为。

（5）坚持"形散而神不散"的原则。要想让学生"读过就能明白"课文中的一段文字，不仅需要引经据典，还需要用生活的百态来类比感悟。因此，导学语言的内容自然是千变万化的。但所有导学语言的最终目的都是要让学生将注意力集中到掌握课文知识点上，也就是说，所有的事例都应该殊途同归。尽管形式上的问法不同，尽管问题是从不同角度去考究的，但最终的结果都是要让学生"明白"。这就是导学过程中形散而神不散的原则。

三、编写导学案常用的手法

1. 类比的编写方法

教材描述的内容涉及的领域往往比较抽象，学生由于缺少生活经验和阅历，因此他们对内容的理解常常会陷入"想当然"的误区，甚至会偏离科学基本原理，按照自己的生活经验去理解一个"从未涉足"的领域。而通过"另类问题"与"描述问题"的类比学习，往往会使学生产生"通感"或"移用"感性效果。例如，物理学中的电场和磁场是实际存在的抽象物质，要让学生对电磁场有感性认识，可以借用"重力场"进行类比引导，如此便可将"抽象"问题转化为"具体"且可触摸的实例。

2. 拟人的编写方法

用拟人手法编写导学案取得的效果是出人意料的。以物理中原子核的问题为例，这属于微观世界，学生无法直接看见。然而，如果将原子核和核外电子赋予人性生命，将原子核对核外电子的引力比作家长对子女的约束力，学生就会自然而然地联想到电子能量提升而与原子核分离的现象。采用拟人化的手法编写导学案，不仅生动直观，而且更利于学生理解。

3. 问题式的编写手法

导学案要注重启发，将教材的语言陈述及时转化为需要理解的问题。问题的设置要依据教材内容的跨度，采用阶梯式层层递进的方法，让学生在回答问题的过程中把握教材知识点的内容和思想，领悟教材要求掌握的方法。以问题为引领，以问题为主线，教师在编写学案时要根据考点需求，将一个个知识点问题化。简单来说，就是把知识点转化为有助于理解和掌握的题型，将教材信息转化为常规问题写出来。学生只要能讨论回答问题，就能够自然地解读课文信息。

在问题式导学中，要实现引领学生自学或小组合作交流的效果。通过恰当的问题构建，让学生主动认真地看书，熟读课本。要做到让学生看书或合作就能回答问题。因此，问题的设置不能偏离教材的本意，也不能超出学生的认知水平，虽然形式可以随意发挥，但紧扣教材的主题精神不能改变，即"形散而神不散"。显然，以追问式的格调设置问题，对学生理清思路、形成逻辑思维习惯很有帮助，同时对学生彻底理解教材的本意也非常重要。

四、导学案各部分内容

一份完整的导学案应包括以下几个部分：课前的预习案、课中实施的探究案和训练案、课堂检测案四个部分，章末还有单独的单元复习案和检测案。

预习案：由预习案使用说明、预习学习目标、教材重点知识解读、预习知识检测、疑惑问题信息链接等板块构成。学生通过课前预习教学内容，大致掌握新课的知识架构，初步理解重难点知识，标识出预习时遇到疑惑知识。课前预习环节不仅能提高学生的自学能力，还为课堂合作探究学习打好基础。

探究案：依据教材内容，设置互动探究、知识框架图、学习收获与小结，以及新课导入、课堂实时评价、教学学法引导等环节。探究案中的问题不能面面俱到，过多的探究内容会导致学生无法在规定时间内完成。因此，教师应引导学生围绕教学内容的重点和难点知识，进行有针对性的探究，通过课堂探究环节引导学生掌握高效的学习方法。

训练案：这部分题目要具有针对性、典型性、层次性和深度。题目类型包括：必做题（面向全班，侧重基础）、选做题、深化题（供中等生选做）、提高题（针对优等生设计，有一定难度，有利于拔尖）等四种。对于当堂训练未达标的学生，应通过学习小组、科任教师课后辅导以及反复练习等方式使其达标。

课堂测验：课堂测验的目的是倒逼学生在课前预习、小组合作探究等阶段主动、有效地参与学习。当堂训练能检查出学生将所学知识转化为解决问题的能力，也是高效落实学习任务的重要过程。

2.2.6 学习小组的建立策略

（一）班级学习小组组建的目标
（1）能力目标：使学生"会学、学会"；使学生"会做、省时"；使学生"会考，考对"。
（2）情感目标：使学生学会"民主与包容"；使学生学会"互助与合作"；使学生学会"思辨与创新"。
（二）小组成员的构成
一个学习小组的组建，在人员分配上要尽量兼顾学生的性格、才能、兴趣、学科成绩的互补性，尽量做到学科特长互补。每个学习小组应有不同学科特长的小组长,小组人数应为 6~8 个为宜,少则 4~6 个。

（三）小组的座次安排

班级以小组为学习单位,座次上应与其他小组有一定的间隔为宜,可以相互对视相向而坐,亦可按次序近邻近行自成小组。这样做不仅可以达到相互监督、合作互助的目的,同时也能营造小组合作与竞争学习的氛围,另一方面也便于教师巡查了解各小组的学习情况。

（四）学习小组的制度建立

（1）建立小组合作学习的"公约"。小组的建立不是一种形式上的"摆设",而是为了贯彻落实"自主探究、交流合作"学习模式而构建的平台。制定合作学习"公约"很重要,公约涉及的内容要规范到课前预习、学案完成、课时训练、课外训练、课堂合作的纪律等各个方面,要使"公约"变为学习行为的"法律"手段,让每个成员自觉地接受学科小组长的管理。

（2）严格落实"课题学分"评价机制。"课题学分制"是衡量学生对每个课题（课文预习与理解、课题后练习、课外资料习题、训练等三方面内容）学习成果的评价制度。在每一课题的实施中,各学习小组长都要依据课题评价表,对组员在学习过程中的各个环节进行学习行为评价。科任教师要督查小组的学习是否真正落实。既然要"严格"执行,那么在督促时就不能只是发一张评价表了事。"学分评价"环节没做好,导学模式就会前功尽弃。

（3）建立班级学习小组成绩评比制度。班主任以学习小组为单位,开展周评比、月考评、学期评比、平时知识竞赛等活动,实行小组成绩捆绑式统一评价,使集体意识充分融入合作学习。通过成绩评比,可以看出小组的合作效果,同时激发小组协作学习的热情。

（4）培育凝聚小组情感的文化因子。根据小组的特点制定小组名号、学习口号、组歌、强化团队的共同追求。

（五）组长的工作职责

（1）组织小组成员完成每一课题的预习案、每一堂课的合作探究和课堂讨论环节,并负责每一堂课成果展示以及点评。

（2）对小组成员课堂表现进行评分。

（3）学习积极主动，率先攻克难题，当好小组的学科导师。

（六）对学习小组长的培训

（1）培训学习组长的思想。

目前，小组长在思想上普遍存在问题，多数同学认为担任小组长会花费较多时间督查同学，担心减少自己在其他科目上的精力投入，因此工作不积极、缺乏责任感。培训学习小组长的目的是让他们消除这种自私和忧虑。培训可以从以下几个方面展开：① 让小组长明白，在帮助他人学习的同时，自己也会获得进步。② 使小组长懂得，帮助他人是提升人生境界的一种培养，帮助别人是一件快乐的事。快乐才是生命最有价值的存在方式。③ 要让小组长清楚，只有集体进步，自己才能取得更大的进步。活泼、开朗、豁达的最大敌人是嫉妒和自私。只有摒弃自私自利的心理，才能获得新生。只有将自己融入集体，把自己视为集体的一员，为集体争取荣誉，为集体争取进步，才能体现自身的素质和才华。④ 培养小组长的家庭理念观。一个小组就是一个小家庭，成员如同兄弟姐妹。"无话不说、无处不体贴"本身就是做好事情的情感基础。

（2）培训小组长的工作方法。

工作方法体现在相处过程中，因此，教会小组长如何与同学相处非常重要。要让小组长明白，"团结协作、隐忍仁爱"是成功的基石，让他们懂得学习上的监督不仅是一种帮助，更是一种关爱。将关爱这种"责任"融入监督行为中，会使监督工作更加出色，赢得组员的配合，从而最大程度地推动小组合作学习模式。

（3）培养小组长正确的工作态度和技能。

小组合作学习的关键在于监督各项学习的落实情况，要想彻底落实和优化每个课题任务，必须在督查工作上狠下功夫。只有严谨的督查工作，才能带来良好的学风，而一切自发行动都始于自觉，因此要求学习小组长工作态度认真、仔细，并投入情感。小组长是全组成员的贴心导师，只要这位贴心导师在课前预习、合作探究、讨论、练习（课内练习和课外练习）三个环节进行了督促检查，就从根本上解决了"学与不学"的问题。此外，还要教导小组长采用何种方式进行督查才能最快、最有实效，要开动脑筋，运用最简便、科学的手段完成督查工作，提升小组长的工作能力。

（4）培养导师和"研究生"团队。科任教师是各学科小组长的导师，小组长则是问题的"研究生"。导师的行为和意志会直接影响"导师-研究生"团队的科研成果。因此，科任教师要及时将知识和技能传授给"研究生"，使他们在自己的小组工作领域中充当"知识先锋"的角色，这样就能彻底解决"学不会"的问题。

（5）班主任、科任教师把小组培训当成长期的、常规的工作来完成。

2.2.7 "143"课堂学分制的教学课堂评价方法

一、"独立自主、捆绑合作"学分制教学的课堂评价方法

如何评价一堂学分制课堂的好坏呢？我们认为，既然推行"143"课题学分制课堂教学，那么对这种教学方式的评价就应该从课堂的导学情况、学生自主学习情况、小组合作学习情况、学生能力体现情况、学生学科核心素养培养情况、教师导学安排的科学性等具体方面进行评估。评价标准要侧重"高效"指标，即通过观察各个环节，看这些环节是否为学生最终完成学案做好了充足准备。同时，还要看课堂是否仅仅为了表面上的好看而忽视了学生真正的知识和技能获取。也就是说，所有评价都要注重"实际"而不是"形式"；注重"学生的表现"而不是"教师的表现"。一堂课中可能看不到教师的"表演"，但学生的表现足以证明教师在背后的"功劳"。结合我校教学的实际情况，为了使评价更加客观、规范，我们对"独立自主、捆绑合作"课堂学分制的教学课堂评价推行"四观、三看、两盯、一觅"评价法。

"四观"指的是：一观学生展示的正确度；二观学生点评的精彩度；三观补充点评的热烈度；四观学生追问点评的参与度。

"三看"指的是：一看课堂讨论气场；二看教师小组分工是否得当；三看时间分配是否合理。

"两盯"指的是：一盯学生学案完成；二盯小组捆绑合作学分评定。

"一觅"指的是：寻觅教师课堂引导记录、导学索引的科学性。

二、"独立自主、捆绑合作"课题学分制教学课堂评价量分表（表2.2.10）

表 2.2.10　榕江一中××年级学分导学课堂评价量分表

学科：物理　课题：　　班级：　　主导教师：　　评课教师：

评价项目	效果量化等级 10、5分	效果量化等级 8、3分	效果量化等级 5、1分	分值	即刻评价语录
学习目标的展示规范度					
学生小组互助讨论热烈度					
小组问题展示规范与正确度					
学生点评精彩度、时间可控度					
学生追问式"发难"					
学生补充点评参与度					
学生生成问题价值度					
学生学案完成度					
学习小组长自主学分评价落实					
导师捆绑学分评价落实					
导师导学时间安排合理性					
导师导引路线清晰度					
导师点评补充占据时间比例（课堂时间的五分之一）					
100分制量化评价	总　　分				

2.2.8 榕江第一中学"143"课改合格课达标验收实施方案

榕江第一中学"143"课改合格课达标验收实施方案

为积极贯彻上级主管部门课改相关文件精神，结合学校实际情况，积极探索课改实施情况，扎实稳妥地推进我校新课程改革进程，特别是课堂教学重大变革，提升育人质量，特制订本"143"课堂教学改革验收实施方案。

一、指导思想

通过课改合格课达标验收提升我校各学科教师专业素养和课堂教学水平，转变教师的思想观念，转变课堂教学模式，真正实现学生课堂的主体地位，促进教师课堂角色的转变，实现我校教学方式和学生学习方法的转变，探索出适合我校实情的课堂教学模式，从而推动全校教师转变教学观念，改变传统课堂教学模式，探索出"自主探究、小组合作学习"的高效课堂教学模式，全面推进我校"143"课堂教学改革工作。

二、组织机构

（一）领导小组

组　长：主管校长；

副组长：分管校长（4人）；

成　员：课改办公室主任，课改办公室副主任，校办主任，教务主任，教师发展中心主任，各学科教研组长以及高一、高二年级各学科备课组组长。

（二）评委组

语文：分管校长、语文学科教研组长，高一、二、三年级备课组长；

数学：分管校长、数学学科教研组长，高一、二、三年级备课组长；

英语：英语学科教研组长，高一、二、三年级备课组长；

物理：分管校长，物理学科教研组长，高一、二、三年级备课组长；

化学：分管校长，化学学科教研组长，高一、二、三年级备课组长；

生物：分管校长，生物学科教研组长，高一、二、三年级备课组长；

政治：政治学科教研组长，高一、二、三年级备课组长；
历史：历史学科教研组长，高一、二、三年级备课组长；
地理：分管校长，地理学科教研组长，高一、二、三年级备课组长。

二、参加对象

我校从事一线教学工作的全体任课教师。

三、实施步骤

（一）教科处制定方案、学校班子会审议活动方案。

（二）组织学习，召开榕江一中课改验收课工作会议，明确目标与要求，统一思想，做好工作部署与责任落实。

（三）组织实施

（1）将全校教师分成若干组，确定教师上课时间，教师按照学校安排的时间上课。

（2）教学内容：教师本人确定教学内容，教师上课改合格课时欢迎本学科其他没课的教师前往观摩听课、相互学习。

（3）若教师验收课不合格，可第二次申请验收；若第二次仍然不合格，则必须通过假期培训后，方可申请重新验收。重新验收教师合格课的时间统一安排在第二学期开学初。

四、考核与评定

（1）验收课评委听课考核评分时，依据榕江县第一中学"143"课堂教学评分表进行客观、公正地打分后评定等级。

（2）评委组成员听课后无记名评分，所有评委评分的平均分为该教师合格课得分。

（3）专家组听课结束后一周内，由学校公布合格课验收情况。

五、具体要求及措施

（1）课改验收课统一在 1、2 号录播室进行，各学科教师按照学校安排表上课，上课内容教师根据教学进度自定。

（2）评委必须严格按《榕江县第一中学 143 课堂教学评分表》（表 2.2.11）进行评分，学校验收有 2 票以上（含 2 票）评价不合格即为不合格。如果校长、本学科教研组长评价不合格，则也不能认定为合格。

表 2.2.11　榕江县第一中学"143"课堂教学评分表

143课堂教学评价表					
高　　年级　　班　　学习小组　201　年　月　日　星期　教师					
序号	项目	评价指标		时间	分值
1	课前预习	没有布置课前预习任务			－5
		布置但不检查			7
		布置且检查		分钟	10
2	目标和任务	没有展示或告之本节课的目标和任务			0
		展示或告之本节课的目标和任务			3
		教师简要讲解或学生读目标		分钟	5
3	学生独学	学生没有个人独立学习思考的时间			－5
		学生有个人独立学习思考的时间			13
		学生独立学习时教师做到"四勤两不勤"		分钟	15
4	合作探究	没有给学生讨论的时间,对学生不懂的问题教师直接讲解			0
		个人在独学中解决不了的问题通过"兵教兵"来解决			8
		学生在学习中发现并提出了新的问题		分钟	10
5	成果展示	没有学生展示环节			0
		学生展示学习成果			7
		学生展示学习成果,教师点评深化、活化、拓展知识		分钟	10
6	教师精讲	讲重点、难点,讲易错点、衔接点			10
		三不讲:学生会的不讲、学生通过讨论学会的不讲,讲了学生也不会的不讲			13
		讲学科思想、方法,重要概念、原理、规律、公式讲清来龙去脉		分钟	15
7	当堂训练	没有当堂训练			－5
		有当堂训练,但选题针对性不强且学生参与度不高			7
		当堂训练有针对性且面向全体学生,训练题针对性强,有梯度		分钟	10

续表

143 课堂教学评价表					
高　　年级　　班　　学习小组　201　年　月　日　星期					教师
序号	项目	评价指标	时间	分值	
8	当堂检测	没有进行当堂检测	分钟	−5
		有3~5分钟的当堂检测，试题难易适度，当天批改反馈		8
		有3~5分钟的当堂检测，试题难易适度，当堂批改		10
9	日日清	课后没有对检测不达标的进行补差，未落实好堂堂清	分钟	0
		课后通过"兵教兵"或个别辅导让不达标的同学达标		7
		课后通过激励、唤醒、鼓舞或惩戒等使学生自觉达标		10
10	周周清月月清	没有	分钟	0
		每周、或每个单元有总结复习，且有每周一测或每单元一测		3
		多种方法和途径让学生周达标，月达标		5
意见和建议			总分	

六、结果运用

（1）评委组长将该学科教师课堂教学得分汇总后，将所有材料交教师发展中心存档备案，作为教师教学能力评价和课改优秀教师考核的重要依据。

（2）教师上课实施当堂录像，评委现场评分或统一观看录像评分，课堂录像放到教科处网站上供教师本人反思、同行借鉴学习。

（3）按百分制评分，评分标准见表2.2.10。

（4）90分以上的教师颁发"课改优秀教师"证书，推荐上校级示范课，参加省、州县的教学技能大赛比赛。

2.2.9　榕江县第一中学新进教师"143"汇报课活动方案

榕江县第一中学新进教师"143"汇报课活动方案

为提升我校新进教师的课堂教学能力和水平，进一步夯实新进教师的课堂教学基本功，使其掌握先进教学方法、学习新的教学理念和手段，增强新进教师驾驭"143"课堂教学模式的能力，依据学校工作安排，决定开展新进教师汇报课活动。为确保本次活动顺利进行，特制定如下方案。

一、指导思想

年轻教师是学校发展的中坚力量，他们对新事物的接受能力较强，思想理念也较为先进。然而，年轻教师的教学经验相对欠缺。为此，学校搭建交流学习平台，让新进教师上汇报课，向组内其他教师展示教学能力与水平。通过此次汇报课活动，促使新教师尽快掌握和理解"143"课堂教学的理念和方法，为课堂教学改革注入新活力，进一步提升新进教师的教学水平和课堂驾驭能力，推动教师业务能力和课堂教学素养的提升。

二、新进教师汇报课领导小组

组　　长：主管校长；

副组长：分管校长（4人）；

成　　员：课改办公室主任、课改办公室副主任、校办主任、教师发展中心主任、教师发展中心工作人员、各学科教研组长、备课组组长；

参加活动对象：进入我校各学科任教不足三年的教师。

三、汇报课活动要求

（1）进入我校工作未满三年的新进教师，按学校要求，在上课前将教案、教学设计、导学案、课件等材料上交给学科备课组长处；学科备课组长于本周教研活动时间，组织学科教师对新进教师的教案、课件、导学案等进行审定，提出修改意见。

（2）新进教师在课堂教学过程中会使用先进教学方法，熟练运用多媒体技术教学，体现课堂教学的高效性。

（3）课堂教学要求按照"143"教学流程进行授课，让学生积极参与课堂教学环节；教学环节不拘泥于教材，应做到因材施教，教学内容符合学生实际、渗透思政教育、教学重点突出、难点突破，讲练结合，知识要准确无误，教学方法灵活多样，方法运用得当。

（4）须使用普通话进行教学，语言精练、得体有启发性；板书简洁、工整、层次分明；教师仪表大方、教态自然。

（5）活动全程对全校教师开放，高一、高二年级本学科教师必须全程参与，高三年级无课教师参加听评课活动。

（6）评课环节于课堂结束后进行，语文学科在质夫楼二号会议室进行评课，数学学科在高一年级会议室评课，英语学科在高二年级会议室评课，物理学科在录播室一评课，化学学科在录播室二评课，生物学科在质夫楼四楼党员活动办公室进行评课，政治学科在一号学术报告厅评课，历史学科在二号学术报告厅评课，地理学科在质夫楼一楼教室评课，日语和信息技术学科在日语教室评课。评课时先由上课教师说课（对本堂课的教学思路、设计等做简要5分钟以内说课），评课专家、教研组长要对本组教师的汇报课进行评课，肯定优点，指出不足。

（7）本次活动由学校教师发展中心主办，各年级组承办。

（8）本次活动新教师参与听其他教师上课。

五、听评课专家组名单

（1）语文组：分管校长（组长），语文学科教研组长，高一、二、三备课组长；

（2）数学组：分管校长（组长），数学文学科教研组长，高一、二、三备课组长；

（3）英语组：课改办公室主任，英语学科教研组长，高一、二、三备课组长；

（4）物理组：课改办公室副主任，物理学科教研组长，高一、二、三备课组长；

（5）化学组：分管校长（组长），化学学科教研组长，高一、二、三备课组长；

（6）生物组：分管校长（组长），生物学科教研组长，高一、二、三备课组长；

（7）政治组：教务主任（组长），政治学科教研组长，高一、二、三备课组长；

（8）历史组：分管校长（组长），历史学科教研组长，高一、二、三备课组长；

（9）地理组：分管校长（组长），地理学科教研组长，高一、二、三备课组长；

（10）日语组：分管校长（组长），日语学科教研组长，高一、二、三备课组长；

（11）综合组：分管校长（组长），综合学科教研组长，高一、二、三备课组长；

（12）体育组：分管校长（组长），体育学科教研组长，高一、二、三备课组长。

六、榕江县第一中学物理学科新教师"143"课堂汇报课教学评分表（表2.2.12）

表2.2.12 榕江县第一中学物理学科新教师"143"课堂汇报课教学评分表

评价项目		评价指标	教师姓名_____授课学科_____	
^		^	评价项目得分	教学指导建议
教师素质 15%	1	教态亲切大方，有感染力（3'）		
^	2	语言流畅，表达准确、得体、清楚，有启发性和激励性（6'）		
^	3	教学基本功扎实，教学技能娴熟，课堂调控能力强（6'）		
教学设计 35%	4	目标设置准确、具体，符合教学要求和学生实际（10'）		
^	5	教学内容安排适度，重、难点把握得当（10'）		
^	6	教学程序明晰，有层次；活动设计真实，体现实际运用（15'）		

续表

评价项目		评价指标	教师姓名____授课学科____	
			评价项目得分	教学指导建议
教学过程 35%	7	发挥教师指导作用，突出学生主体地位，面向全体学生，关注个体差异（5'）		
	8	给学生留有思维空间，体现自主、合作、探究式的学习，有利于学生学习方式的转变（5'）		
	9	教学实施符合教学规律、学生心理特征和认知水平（5'）		
	10	师生之间、学生之间互动充分，注重运用能力培养（5'）		
	11	课堂结构严谨、有序，衔接自然；教学气氛民主、和谐（5'）		
	12	板书设计科学、合理；辅助手段（教具）使用得当、有效，操作熟练（10'）		
教学效果 10%	13	完成教学任务，达到预期教学目标（5'）		
	14	教学的时效性和实效性和谐统一（5'）		
教学特色 5%	15	教学的某一方面有独到之处（5'）		
合计				

2.2.10 榕江县第一中学"143"课堂教学改革激励机制

榕江县第一中学"143"课堂教学改革激励机制

在国家实施新课程改革的时代背景下，课堂教学改革首当其冲。为使我校教师深入学习新课程理念、转变教师课堂教学方式和行为，大力开展素质教育，促进学生全面发展，打造高效课堂，依据州教育局课程改革文件精神，结合我校改革实际，经校长办公会研究讨论决定形成如下激励机制。

一、基本原则

（1）课堂教学改革需人人参与，凡无故不参加课改的教师，课改得分记0分，课改优秀教师评选一票否决，不能参加各级教育行政部门组织的技能竞赛。

（2）课改合格课得分为90分以上的教师，课改得分加5分，优先推荐为学校期末课改优秀教师，并优先推荐参加上级部门组织的优质课竞赛。

（3）课改过程中有突出贡献的教师视情况进行奖励。

二、考评办法

课改考评基础得分以100分计，考评项目与优秀教师考评项目相同。

三、具体考评办法

（1）制订教学计划（10分）：教师教学计划包括教学主要工作任务、工作措施、主要活动（含课外活动）安排及教学进度等。

（2）教研活动（20分）：每周按时参加一次教研活动，缺一次扣5分；每次集体教研活动主题要明确，教研活动结束后要有详细的活动记录，缺一次扣5分；按学校要求整理教研活动材料并于每月月底上交当月教研资料记5分，否则扣5分。

（3）课堂教学活动（30分）：全体科任教师在教学中要摸索符合我校实际的"143"课堂教学模式并加以运用。无体现的教师计0分。

（4）听课评课（20分）：各学科教师每学期听课不少12节，有听课记录和评课记20分，缺少一次扣个人量化分2分。

（5）学生辅导（10分）：教师有计划地组织开展各种辅导培训和竞赛，培训和竞赛有方案（2分）、有计划（2分）、有教案（2分）、有学生成绩记录（2分）、有过程材料（2分）。

（6）上交学期期末总结（10分）：期末结束前一周内教师上交个人总结并能体现课改成绩的记10分，不能体现的记0分。

（7）教师有一篇课改论文获国家、省、州、县一等奖的分别记7、6、5、4分，二等奖记6、5、4、3分，三等奖记5、4、4、2分；发表一篇课改论文另加记5分。学校安排的公开课、示范课未按计划进行，扣个人5分；鼓励承担公开课、示范课任务，校内公开课、示范课，每人次记 5 分，推荐参加国家、省、州、县赛获奖的等同论文获奖分数同上。

四、考评结果运用

（1）每学期进行一次量化，按照分数从高到低的先后顺序参加学校的各项评优、评模。

（2）教师在本学期被学校通报批评的，学校将取消其评优、评模资格。

（3）对不服从学校工作安排以及师德师风不合格的教师，在评优、评模活动中实行一票否决。

2.2.11 榕江县第一中学"课改优秀教师""课改优秀班级""课改优秀备课组""课改优秀学习小组"评选方案

榕江县第一中学"课改优秀教师""课改优秀班级""课改优秀备课组""课改优秀学习小组"评选方案

为了深化我校课堂教学改革，进一步推进我校"143"课堂教学改革力度，提高教师和学生积极参与课改的激情，发挥先进示范引领作用，特制定榕江县第一中学每月、每学期"课改优秀教师""课改优秀班级""课改优秀备课组""课改优秀学习小组"评选方案：

一、领导机构

组　　长：主管校长；

副组长：分管校长（4人）；

成　　员：课改办公室主任、课改办公室副主任、校办主任、高一年级组长、高二年级组长、高三年级组长、教务处主任、教师发展中心主任、学生发展中心主任、各学科教研组长、备课组长。

二、名额分配

（1）课改优秀教师各年级每级部评选 3 人；

（2）每个年级评出课改优秀班级 4 个；

（3）优秀备课组每个年级评 3 个；

（4）优秀学习小组每班评选 1~2 个。

三、评选标准

（一）课改优秀教师必须具备以下条件：

（1）为人师表，师德高尚，忠诚党的教育事业，无体罚和变相体罚学生的现象，师生关系融洽，作风正派，为人正直。

（2）认真执行学校新课改方案，认真备课，能完成每月的教学常规任务，积极参与每周一次的集体备课活动。

（3）积极参加课改活动，认真准备校级公开课（观摩课），每月至少上一节课改示范课、观摩课。

（4）实施"143"课堂教学模式，每月至少获得校级教学质量一等奖一次。

（5）对有违反师德师风和不服从学校工作安排的教师，实行一票否决。

（6）教师综合考核得分80分以上方可评为校级"课改优秀教师"。

（二）课改优秀班级必须具备以下条件：

（1）班级小组建设规范，小组文化氛围浓，学生合作学习习惯好。

（2）班级有完善的小组合作细则，日常的班级管理能以"小组合作"的模式有序开展。

（3）每月须获得校级教学质量一等奖1次。

（4）班级学生如在当月被学校处分的，实行一票否决。

（三）课改优秀备课组必须具备以下条件：

（1）每周一次教研活动必须实行"五定"原则，要有明确的教研活动主题，教研活动结束后要有详细的活动记载，按学校要求整理教研活动材料并于每月月底上交当月教研资料。

（2）有每月一次的集体教案材料（须有集体备课的修改记录）并如期上交教科处。

（3）本组教师至少有一人次获得校级教学质量一等奖。

（4）本组教师在当月被学校通报批评的，学校将取消该组评优资格。

（四）课改优秀学习小组必须具备以下条件：

（1）组内分工明确，积极参与班级日常管理、活动。

（2）课堂合作有序，合作氛围浓厚，展示积极。

（3）团结互助，凝聚力强，全组成员均能遵守校纪校规。该组成员在当月有违纪行为的，取消该组评优资格。

（4）小组互助学习效果比较好，当月该组成员至少一人获得单科第一名且小组积分为班级总分最高分。

2.2.12　榕江县第一中学年级组课堂教学改革实施方案

榕江县第一中学年级组课堂教学改革实施方案

高效课堂教学是提高学校教学质量和提升学生综合素质的重要途径。为了提升我校教师课堂教学水平，提高课堂教学的效率，进一步深化课堂教学改革，培养学生合作、探究学习的能力，根据高一年级的实际情况特制定该课堂教学改革实施方案。

一、指导思想

（1）全面促进学生综合能力发展，改变传统的课堂教学模式，发挥新型课堂的作用，有效推动课堂教学改革。

（2）实施学生主动参与、合作协作、拓展探究的学习方式，让学生真正参与课堂教学的每个环节，培养学生自主学习能力。

（3）积极引导教师更新教学理念，变革教师的教学方法，为学生终身发展服务，全面促进我校教育教学质量的提高。

二、我校课堂教学目前存在的问题与原因

（1）传统教学观念在我校教师心里根深蒂固，课堂教学都采用满堂灌的方式进行，没有确立以培养学生德智体美劳全面发展的教育理念。

（2）课堂教学评价方式较为单一。当下的课堂教学评价侧重对教师行为（听课教师只观察教师行为）的评价，而轻视（甚至无视）对学生课堂学习行为的评价；只重视课堂教学的外在表现，而轻视课堂教学的实际效果，这与课改所倡导的教育理念相背离。

（3）课堂教学研究不够深入具体。教师的教学研究大多数都是单打独斗，没有形成凝聚力，研究氛围不浓，研究内容还只是皮毛，没有对学生学习策略和教师如何实现高效课堂策略进行深入的研究。研究主题缺乏有效性，不能针对教师专业发展问题进行研究，不能真正促进教师业务能力的提升。

三、"143"课堂教学改革的措施

（一）积极构建高效课堂教学模式。

（1）采用"先学后教"的教学方式。"先学"是指学生先根据教师课前提供的导学案要求，预习教材内容。通过预习，学生初步学习重点知识，并标注疑难知识点，以待老师在课堂上讲解。之后，学生完成预习案中的练习题和课后2~3道习题，同时列出困难和疑惑的提纲，以便在课堂上请教同学和老师。"后教"指的是教师的精讲。教师精讲时要注意：学生会了的内容不讲，教师讲了学生也不会的内容不讲。教师在讲解时要做到：①针对学生暴露的问题、困难以及疑难之处进行讲解；②讲解学生出错的地方以及出错原因；③讲解知识的来源、定律原理、解题的方法和学科思想；④对于重点知识和重要知识，要深入讲解，讲清楚、讲透彻。

（2）小组合作讨论。该环节包含小组合作讨论、教师指导以及知识总结与巩固三个步骤：①小组合作讨论并非流于表面的讨论，而是需要每个学习小组在学科组长的带领下，对知识进行深入探究。小组合作学习时，全组组员都必须积极参与，通过学生互教的方式，确保每个学生都不落下。为避免学生成绩两极分化，教师应着重讲解重难点知识和疑难问题，以提高课堂效率。②教师指导主要是引导学生解决小组合作学习中无法解决的难题。③知识总结与加深巩固的目的是帮助学生构建知识结构体系，同时拓展一些课外相关知识，以培养学生学以致用的能力。

（3）当堂训练。这将促使学生在课前预习、小组合作探究等阶段积极、有效地参与学习。当堂训练可以检验学生将所学知识转化为解决问题的能力，是高效落实学习任务的关键环节。在学生进行当堂训练时，教师应做到以下要求：①督促学生按时完成训练题。②当堂检查、当面批改、反馈并纠正。③确保堂堂清。对于当堂训练未达标的学生，通过学习小组、科任教师课后辅导以及反复训练帮助其达标。

④训练题应具备针对性、典型性、梯度性和深度性。⑤训练题的类型包括：必做题（面向全班，注重基础）、选做题、深化题（供中等生选做）、提高题（针对优等生设计，有一定难度，有利于培优）等四种。

（4）激励与评价。在整节课的教学过程中，教师需关注每组学生的探究过程、讨论环节和当堂训练结果。教师要对每个小组的成果展示发言进行点评总结，收集当堂训练的答题情况并给出反馈。对于出错率高但难度不大的问题，让学生讨论解决，适时引导学生完成中等难度的题目。及时表扬学生的闪光点，使学生感受到学习成功的喜悦，增强学习自信心。

（二）积极实施"143"课堂教学模式，支持创立有效教学模式。

"143"课教学模式的具体流程如下：

（1）课前预习，即学生在课前根据预习案进行针对性的预习。

（2）学，指学生依据教师课前展示的学习任务，通过阅读教材、查阅相关资料等方式，独立自主地完成导学案上的相关问题。学生学习过程中，教师需走到学生中间，通过观察、倾听、询问等方式，了解学生的学习情况（师生交流时要轻声，避免影响其他同学），以便在下一阶段调整教学策略，实现以学定教。

（3）展，即学生的激情展示，是对知识进行拓展、深化和活化的过程。老师指定的展示问题应具有探究性或代表性。学习小组代表可以通过口头表达或上台讲解（带上答题小黑板）的方式来展示。

（4）讲，指教师针对多数同学不理解的疑难问题进行详细讲解。讲解过程中，一是梳理知识的来龙去脉；二是强化重点知识，深化知识理解；三是讲明学科思想、方法以及本节知识在高考中的地位；四是讲解学生出错的原因。

（5）练，是指学生进行当堂训练，通过完成具有针对性、典型性、梯度性和深度性的训练题，实现对重点知识和重要知识的当堂理解与记忆；通过解答典型例题，巩固和应用本节知识；同时，通过针对性训练，达到举一反三的效果。

（6）课后巩固提升，做到日日清、周周清、月月清。

（三）优化课堂教学评价制度

（1）依据榕江一中"143"课堂教学评价标准，对科任教师课堂教学进行课改评价。开展课堂教学研究月活动，各年级组织选拔"143"课堂教学效果明显的老师在教学研究月上组内课改示范课。课堂教学研究月活动结束后时，学校评选出课改工作突出的部门，并表彰先进年级、先进教研组和先进教师。

（2）各年级需优化与课堂教学改革激励相关的制度，将教师的课堂教学成绩作为教学评价的重要依据。同时，依据学校的"143"课堂教学评价标准，结合本年级的实际情况，制定课堂教学评价方案，开展新课程改革活动。

四、课堂教学改革实施步骤

（1）学习启动阶段：年级组分批组织人员到课改名校调研学习，邀请课改专家到校指导课改工作。学校组织中层领导干部、年级组长、教研组长、备课组长召开课改培训会，统一思想，提高认识，明确课改实施目标。通过学习借鉴国内课程改革成果，摸索实践，在本年级开展学习小组建设，初步形成"143"课堂教学模式。

（2）实践深化阶段：积极解决实施过程中发现的问题，形成比较科学的学习小组建设方案，逐步完善课堂教学新模式。基本形成基于自主、合作、探究学习的教学流程，课堂教学有实质性改变。

（3）总结提升阶段：形成基本稳定的"143"课堂教学改革模式；各教研组推出预习课、展示课、反馈课、复习课课型；物理组全体教师推出实验课课型，并在组内推出一批工作成绩突出、具有典型示范作用的学科带头人和课堂教学改革能手，制定出物理组课堂改革方案，形成改革长效运行机制。

五、课堂教学改革具体措施

1. 集备课组团队力量研究制定导学案

学期开学初，备课组长依据学期教学工作计划，将各章节的导学任务分解到每个教师。教师则根据本年级的实际情况制定导学案。在上课一周前的集体备课活动中，主备人向本组教师展示个人设计的导学案，之后备课组全体教师共同讨论，提出统一的修改建议。主备人结合这些建议对自己的"导学案"进行修订，修改完成后印发供教学使用。

2. 合理构建班级学习小组

为了方便各班级开展小组合作学习，须关注小组结构的合理性。以小组为学习单位，座次安排应与其他小组保持一定间隔，可以相向而坐，也可按次序就近排列。这样既能相互监督、互助合作，又能营造合作与竞争的学习氛围，还便于教师了解各小组学习情况。每个学习小组人数以 4～6 人为佳，过少或过多都不利于交流学习。同时，各班应建立固定座位的学习小组，改变传统座位形式，采用团团坐，每周轮流改变小组座位，以保护学生视力。此外，可根据学情阶段性调整小组成员，以促进小组合作学习，提高课堂效率。为了保障学生健康，必须遵循科学管理要求，每周按 S 型轮换小组座位，小组内部也必须每周轮换角度就座，不得采用抽签等不科学的方式定座位。

3. 制定适合"143"课堂教学评价制度

"143"课堂教学评价制度主要包含两方面：一是学生对教师的评价，通过收集学生对老师的评价，对教师的集体备课参与度、观摩课组织、教学任务完成情况以及教科研工作等进行综合评价。二是教师对学生的评价，教师根据学生每节课的表现进行评分，学科长每周汇总分数。班主任将学生平时课堂表现情况汇总后记入成长记录，这种评价方式更注重学生的全面评价。每月根据课堂教学评价反馈记录等资料，评选出"课改学习之星""课改优秀学习小组"和"课改优秀教师"。

六、保障措施

为保证课堂教学改革的顺利开展，学校成立了课堂教学改革领导小组，具体组成人员如下：

组　　长：主管校长；

副组长：教改办公室主任、教改办公室副主任、年级组长、年级副组长、年级工作人员；

组　　员：年级各学科全体教师。

七、经费保障

逐步完善课堂教学改革的各项规章制度，采用激励机制，对在课堂教学改革中做出突出贡献的教师、班级、学生及时进行表彰，为教师培训、课题研究、教研教改提供充足的资金保障。

2.2.13 榕江一中"143"课堂教学改革成果巩固与推进活动方案

榕江一中"143"课堂教学改革成果巩固与推进活动方案

课堂教学改革是一项系统且复杂的工程。多年来，我校以新课程改革理念为指导，以提高课堂教学效率为目标，全面深入推进素质教育。在全面推行课改的背景下，我校加强对教师的引导和培训，努力转变教师的教学观念、手段和方法，形成以教师为主导、学生为主体的教学模式。

为了巩固与推进我校课堂教学改革成果，特制定以下方案：

一、领导机构

组　　长：主管校长；

副组长：分管校长（4人）；

成　　员：课改办公室主任、课改办公室副主任、校办主任、教务主任、教师发展中心主任、高一年级组长、高二年级组长、高三年级组长、各学科教研组长、备课组长。

二、目标任务

（1）通过组织教师学习新课程理论、借鉴课改先进学校的经验、校本培训、上校级观摩课等形式，转变教师的教学观念。

（2）通过参加集体备课、运用"143"课堂教学模式等途径，使全体教师达到课改合格课的水平。

（3）以课堂教学为切入点，发挥课改优秀教师的榜样作用。各教研组定期组织课改示范课、观摩课和汇报课，将教师的课堂教学效果纳入教学量化考核范围。

三、工作重点

（1）改变教研方式，增强教研实效。在教研活动时间，认真学习新的教育教学理论，通过集体备课的方式制定和修改全组通用的导学案，力求提高课堂教学的实效性。

（2）优化课堂结构，巩固课改成果。大力推广"143"教学模式，具体为："1"课前预习；"4"课堂教学（学、教、讲、练）；"3"清（日日清、周周清、月月清）。切实落实"143"模式，构建符合我校实际的课堂教学模式。

（3）运用小组合作，优化教学方法。确立学生的主体地位，教师引导学生自主学习，让小组合作学习、展示交流真正建立在自主学习的基础上，进而提高课堂教学效率。

四、活动安排

为了巩固与推进我校课堂教学改革成果，特安排以下教研活动，具体见表2.2.13。

表 2.2.13

项　目	主讲人	参加人员
"143"课堂教学改革讲座	邱校长	高一、二年级全体教师
如何有效开展小组合作学习	教改办公室主任	高一、二年级全体教师
课改经验介绍	课改优秀教师	高一、二年级全体教师
课改示范课	各学科教师	高一、二年级全体教师

五、活动要求

（1）高一、二年级主任请相关授课教师和班级做好上课准备，确保示范课顺利进行。

（2）各年级主任有序组织教师参加活动。

（3）高一年级每位教师听课改示范课3节以上。

（4）高二年级每位教师听课改示范课3节以上。

六、资料存档

活动结束后，上课教师将纸质材料和电子文档整理好，交到教科处存档。

2.2.14 榕江县第一中学"143"课堂教学改革工作组织机构

榕江县第一中学"143"课堂教学改革工作组织机构

为深入贯彻党的教育方针政策，以新发展理念引领教育发展全局，全面提高普通高中教育教学质量和办学水平，加强我校教师队伍建设，提升教师教学能力，实现榕江县第一中学"创全国名校，育苗侗人才"的办学目标，我校在州教育局的组织下，开展普通高中教育教学改革（课改）活动。特此成立课堂教学改革领导小组，明确课改办事机构工作人员职责，分工协作，确保课改高起点、高标准、高成效地推进。

一、榕江县第一中学课堂教学改革领导机构及各成员工作职责：

1. 组长：主管校长

负责学校课堂教学改革全面部署、保障工作。

2. 副组长

分管校长，负责学校课堂教学改革全面协调工作；

分管校长，负责分管学校高一年级课堂教学改革组织管理工作；

分管校长，负责分管学校高二年级课堂教学改革组织管理工作；

分管校长，负责分管学校高三年级课堂教学改革组织管理工作。

3. 成　员

高一（1）级部主任，负责分管高一（1）级部课堂教学改革组织管理工作；

高一（2）级部主任，负责分管高一（2）级部课堂教学改革组织管理工作；

高二（1）级部主任，负责分管高二（1）级部课堂教学改革组织管理工作；

高二（2）级部主任，负责分管高二（2）级部课堂教学改革组织管理工作；

高三（1）级部主任，负责分管高三（1）级部课堂教学改革组织管理工作；

高三（2）级部主任，负责分管高三（2）级部课堂教学改革组织管理工作；

高一年级组全体教师，积极配合、支持本组各项课堂教学改革活动；

高二年级组全体教师，积极配合、支持本组各项课堂教学改革活动；

高三年级组全体教师，积极配合、支持本组各项课堂教学改革活动。

后勤保障组成员：根据学校课堂教学改革情况做好后勤及应急保障，做好课堂教学改革材料准备、收集、整理等工作。

上述工作机构及职责为学校课堂教学改革工作的落实提供了有力保障，使榕江一中的课改工作更加务实高效、创优争先，推动学校在课改教育中实现更好更快地发展。

2.2.15 榕江一中高一物理备课组"143"课堂教学改革实施方案

榕江一中高一物理备课组"143"课堂教学改革实施方案

根据学校课堂教学改革的相关要求，我校实施"先学后教、当堂训练、'143'教学模式"，大力推进课堂教学改革，实现课堂教学的实效性，实现我校课堂教学质量的快速提升。通过到省内外各名校学习其先进的课改经验并结合我校的实际情况，特制定了高一年级物理备课组课堂教学改革实施方案。

一、指导思想

认真贯彻落实学校对课改工作的相关要求，深化课堂改革，以课堂改革为切入点，转变教学方式，创新课堂，积极打造个性鲜明和特色突出的"143"课堂教学模式；以"先学后教，当堂训练"为课改核心，以"学—展—讲—练—考"模式为课堂组织形式，为每个学生的终生发展奠定坚实的基础。

二、成立高一年级物理备课组课改领导小组

组长：教科主任、高一年级物理备课组长

顾问：主管校长、分管副校长、教科副主任、高二年级备课组长、高三年级备课组长

成员：高一年级全体物理教师

三、工作重点

（1）继续学习和领会新课程标准，扎实开展教学研究活动，优化教学过程，改进教学方式，倡导平等、自主、合作、探究的学习方式。

（2）以学校开展的课堂改革活动为平台，努力打造符合我校实际的高一物理"143"课堂教学模式。

（3）转变思想，积极探索，团结互助，努力实现本组人人心系课改、践行课改，使课改形成常态化、特色化。

四、具体措施

每位老师都要充分认识课堂教学改革的重要性、必要性和迫切性，把课堂教学改革作为教学工作的重点、作为教学改革的首要任务，加强学习、大胆实践，全面提高课堂教学水平和教学质量。

（一）全校师生积极构建高效课堂教学模式

1. 实施先学后教

教师应当先教授学生自学的方法，培养学生解读、捕捉、研究以及运用信息的能力，使学生在课前便能知晓学习目标与要求，掌握学习的方法、技巧以及本节课的重点和难点知识。

2. 建立合作探究学习方式

学生进行自学后，把自学过程中遭遇的疑难问题以及教材内容里设置的探究知识，于课堂上在小组内部展开讨论交流。若小组内交流仍无法得出结果，则让其他小组的同学在课堂上进行展示，以便使学生在合作探究中领悟道理、得出结论。

3. 当堂训练，巩固新知

在学生小组合作中，当通过自学与小组合作学习将课堂上的基本问题弄清楚之后，便可以在限定时间内完成老师围绕核心知识、主干

知识对课本题目进行拓展、引申所选编的补充题，以达成巩固本堂教学的目的。

4. 建立激励机制

教师在组织学习活动的过程中，需密切关注各组学生的讨论、探究以及训练状况。对于需要协助的学习小组，老师应适时予以指点，同时对于学生提出的问题要逐一解决，对每个学生的发言和所做题目进行评判。较容易的问题让中下游的学生解决，老师适时进行启发引导、查漏补缺、评价表扬，让他们更多地感受到成功的乐趣，从而增强学习信心。课后由班级记分员统计好各小组的课堂积分情况，依据小组积分状况每月评选出优秀学习小组，并在班级和全校范围内予以奖励。

（二）构建班级"143"小组合作模式

"143"模式中的"1"是指课前的预习环节；"4"指课内的学、展、讲、练4个环节，即学生的自主学习、学生成果展示、教师的精讲以及当堂训练；"3"指课后"三清"，即日日清、周周清、月月清。

1. 课前预习

课前预习指的是学生在教师的引导下，依据教师课前下发的预习案，按照预习案中的学习目标与任务，于课前进行预习。预习期间，不仅要完成课文重难点知识的学习，还需自主且限时完成探究案上的题目。学生通过预习找出疑难问题，然后在课堂上跟随教师逐个解决。学生应依据自身实际，利用课外时间将学习重点提前。要合理安排预习时间，正确处理好预习和课后作业的主次关系，当预习任务尚未完成时，优先完成预习内容。学生在预习环节的表现将被纳入学业过程评价，并记入模块成绩。

2. 学生的自主学

学生依据老师设定的学习目标，通过看书、查阅资料等方式，独立自主地解答导学案上的问题。在学生自学过程中，教师穿梭于学生之间，通过观察、倾听、询问等途径了解学生的学习状况（师生之间仅能轻声交流，以免影响其他同学学习），以便在下一阶段调整教学策略，达成以学定教。

3. 学生成果展示

学习小组代表通过口头表达或上台讲解（带上答题小黑板）的方式展示学习成果。学生的激情展示，是对导学案完成情况的检查，也是通过师生互动对知识进行拓展、深化、活化的过程。这一环节中老师指定的展示问题应具有探究性或代表性。

4. 教师精讲

教师在对知识的来龙去脉进行梳理之后，清晰阐释学习的方法以及本节知识在高考中的地位。教师的讲解还需注意：学生已经掌握的内容不讲，讲了学生也无法理解的内容不讲。教师在精讲时应当做到：讲解学生暴露的问题、面临的困难以及存在的疑难；讲解学生出错的地方以及出错的原因；讲解知识的来源、定律原理的内容、解题的方法以及学科思想；对于重点知识和重要知识，要着重讲解、深入讲解，务必讲清讲透；要求学生当堂理解并记住重点知识和重要知识；通过典型例题的讲解，实现对本节知识的巩固与应用；借助针对性训练，达到举一反三的效果。

5. 当堂训练

当堂训练也就是课堂测验。此举能够推动学生在课前预习、小组合作探究等阶段积极且有效地投入学习。当堂训练能够检验学生将所学知识转化为解决问题的能力，也是高效落实学习任务的关键环节。在学生开展当堂训练时，教师需要做到以下几点：督促学生按时完成训练题目；进行当堂检查，面对面批改，及时反馈并纠正；实现堂堂清，即对于当堂训练未达标的学生，借助学习小组、老师课后辅导以及反复训练，促使其达标；训练题目应具备针对性、典型性、梯度性和深度性；训练题的类型包括：必做题（面向全班，侧重基础）、选做题、深化题（供中等程度的学生选做）、提高题（针对尖子生设计，具有一定难度，有助于拔尖）这四种类型。

6. 课后"3清"

"三清"，即日日清、周周清、月月清，指的是每日、每周、每月针对所学知识进行复习总结、查缺补漏、巩固训练、单元检测以及质量分析。对于未达标的学生，可以通过延长学习时间进行独自学习、借助学习小组予以帮助、接受教师个别辅导、获取学法指导、进行针对性训练、与班主任谈话等方式来促使其达标。"三清"工作的推行既契合记忆规律，又能让学生始终拥有学习目标与任务，进而产生紧迫感，达成高效学习的目的。若要使"三清"收获成效，不仅需要教师持之以恒、清查到位，学生也必须全力以赴。

五、高一年级预习案、微考试题、章节试卷任务安排表

各位老师需依照年级备课组的工作部署，在9月10日之前完成"必修1，第一章"的预习案、微考试题以及章节试卷任务，其余章节则要在11月20日之前完成。审核人应在预习案、微考试题、章节试卷负责人提交资料后的三天内完成审核工作，随后备课组全体人员于教研会议时间再次进行审核并定稿。

总之，我们推行新的课堂教学模式，将课内"143教学模式"作为主要途径，以各类辅助活动作为补充，搭建起多元化、全方位、立体的教育层面。充分激发师生的积极性，使学生在合作中争当学习的主人。优化课程功能，以学生发展为根本，唤醒学生强烈的学习兴趣、生活意识和创新意识，进而达成学科目标素养，切实提高学生的综合素养。

2.2.16 榕江一中物理学科学习小组建设方案

榕江一中物理学科学习小组建设方案

为了顺利推动我校的课堂教学改革，构建与我校"143"课堂教学模式相适配的班级学习小组，物理组依据学校制定的《关于加强合作学习小组建设的方案》，于各班按照组间同质、组内异质的原则组建学生合作学习小组，发挥学习小组在课堂教学中的效用，并确立了学习小组建设激励机制，举行优秀学习小组的评选表彰活动。在各班物理学科教师的协助下，各班踊跃开展学习小组建设，充分发挥学习小组的作用，于课堂中有利于凸显学生的主体地位，培育学生主

动参与学习的意识，培养学生的合作能力与团队精神，提升学生的学习效率。

一、进一步优化学习小组的成员结构

（1）各班物理科任教师需依据学生的个性特点、学习能力来组建学习小组，小组人数设定为 4~6 人。在组建学习小组后，应确保各小组在学习成绩、综合表现等方面实力相当。倘若有的小组综合素质存在较大差异，且在学习小组组员自愿的前提下，可以对小组组员进行适度调整，不过调整后小组内男女生比例需适宜；每学期还可依据课堂教学的需要，适时对小组成员进行小范围调整，此举有利于拓展小组组员间的交流。

（2）建立合理的学习小组座位方式。

学习小组组建完毕后，科学合理的座位搭配至关重要。各班学习小组以组为单位安排座位，采用团团坐的形式，以此改变传统的排排座座位模式，这样更有助于小组组员开展合作探究活动，实现课堂教学的高效性。但由于团团坐会使部分组员与黑板形成斜视，为避免影响学生视力，各小组之间以及小组组员之间必须按 S 形每周轮换座位，不得采用抽签等不科学的方式确定座位，以便最大程度地保障学生的健康成长。

二、完善学习小组管理机制

完善小组合作学习的评价机制，明确小组成员的学习责任、角色与职责，乃是开展有效合作学习的基础。若要让小组合作学习活动得以持续且有效地开展，就必须制定完备的管理机制，凸显学生是课堂教学活动的"主体"、学生是课堂学习任务"责任"落实的责任体，健全合作学习的管理机制，推行学科管小组的策略。学科小组长不仅要负责协同科任教师管理好小组的学习，还要负责本组的文化建设，组织确定小组名称，制定小组口号，选定组歌、明确小组学习目标等；处理小组的日常行政事务，统筹管理小组学科学习事务之外的其他事务；对本组成员的学习情况和其他表现予以评价。组长由小组成员推荐，再经班主任任命。学科长负责组织小组开展本学科的合作学习，如课内讨论、小组发言、组内互助学习、完成预习等；做好课堂讨论的即时记录，在课堂上按照教师要求反馈讨论情况和成果；检查并落实记录小组成员本学科预学案的完成情况，及时向班级科代表和任课教师反馈；对组内成员的本学科学习情况进行评价。学科长由学生自荐或小组推荐，再由任课教师与班主任协商决定。

三、加强小组文化建设，增强小组的学习内驱力和凝聚力

为了营造积极向上的学习氛围，首先要求每个小组选取一个积极、健康且励志的组名，制定小组励志口号与目标，每位组员提出一个科学合理的奋斗目标，其中可以涵盖近期目标以及远期人生理想，还能够依据小组口号、目标确定（或创作）一首歌曲作为组歌。小组宣言和个人理想需在班级宣传栏予以公布。通过目标的制定，引导学生树立远大志向，激发学生学习的内在驱动力。

此外，各班需定期举行主题班会，运用小组讨论的形式，引导学生构建自己的人生目标，助力学生树立实现自我价值与社会价值的美好愿景。让学生独立设定人生目标，并将学生的人生目标存入学生成长档案。要求学生持续深化对人生目标的理解，学生可以不断对自己的人生目标做出调整。同时，让学生充分领会奋斗与理想的关系，明白今日的努力学习是实现人生理想的必经之路，促使学生主动为理想而学习，进一步明晰学习的目的和任务。教师在学习过程中要时时激发、课课激励、天天"刺激"，持续强化学生的学习理想，让学习理想切实转化为学生学习、进步的有效动力。

四、完善学习小组建设的激励机制

要让小组学习活动积极开展，就需要采用多元化的评价方法，激活学生的学习内驱力，满足不同程度学生的发展需求。应当坚持将课堂学习的激励评价与定期激励评价相结合，将小组自我评价与小组互

评、教师评价相结合，将小组成员自评与互评相结合的评价方式。在小组合作学习的进程中，逐步引导学生深化对合作学习的理解，培育学生的合作意识与合作技能。教师要精心创设情境，让学习任务或活动任务真正具备合作性，使学生从"要我合作"转变为"我要合作"。在合作学习过程中，让学生学会帮助、学会合作、学会倾听、学会展示。学校持续开展优秀学习小组、优秀组长以及先进班级的评选表彰活动，还要开展学习小组创优竞赛等活动，持续推进激励机制的建设。

第 3 部分 "143" 课堂教学改革实践

3.1 导学案范例

下面以榕江县第一中学高中物理课堂教学改革为例，列出一些导学案范例。

3.1.1 课题 1——时间和位移

班级：　　　　　姓名：　　　　　学习组：
小组评分：　　　教师捆绑评分：　　课题学分：

【学案使用说明】

1. 每位组员须认真阅读教材，独立完成导学预习案内容。阅读过程中，如有不理解或难理解的问题，应向小组学科组长汇报，共同探讨解决方法；探究案可通过小组讨论学习，学科组长要确保每个组员都能理解问题的本质。学科组长不清楚的问题要向科任教师请教，并教会本组同学。

2. 在展示过程中，各小组要注意控制时间。如果某小组无法展示，应主动让其他小组进行展示，不能拖延时间，要虚心向他人学习。

3. 点评过程采用捆绑评分的方式，以此督促合作学习的效果。个人展示成绩将代表小组成绩，因此各组员在问题研究中不能掉队，否则小组的合作成绩将为 0 分。

4. 学科小组长完成对组员"预习案""探究案""训练案"的学分

量化后，立即把本组课题学分量化表交给学科班长，以便学科班长及时累加组员的每一课题学分。

【学习目标】

1．知道时刻与时间间隔的区别和联系，会在具体的情境下识别时间间隔和时刻。

2．理解位移概念，知道位移是矢量，会用有向线段表示位移的大小和方向。

3．知道矢量和标量运算的差异，会进行一维情况下的矢量运算。

4．知道位置、位移、路程等概念的区别与联系，能用数轴正确描述直线运动的位置和位移。

【预习案】

[知识点一]

1．时刻：表示_____，在时间轴上用_____表示，如第 2 s 末、第 8 s 初等均为时刻。

2．时间间隔：表示_____的时间，在时间轴上用_____表示，如前 4 s 内（0～4 s 末）、第 4 s 内（3 s 末至 4 s 末）等均为时间间隔。

[知识点二]

1．坐标系

定量地描述物体的位置，需要在参考系上建立_____，物体做直线运动，可以用_____坐标系描述；物体做曲线运动，需要用_____坐标系描述。

2．路程和位移

（1）路程：物体运动轨迹的_____。

（2）位移：从初位置到末位置的_____，其方向由_____位置指向_____位置。

3．矢量和标量

（1）矢量：既有_____又有_____的物理量，如位移、速度等。

（2）标量：只有_____没有_____的物理量，如质量、时间、路程等。

[知识点三]

1. 物体的初、末位置分别用_____坐标 x_1、x_2 表示；

2. 物体的位移 $\Delta x =$ _____，若 Δx 为正，则位移的方向指向 x 轴的_____方向；若 Δx 为负，则位移的方向指向 x 轴的_____方向。

【探究案】

1. 时刻与时间间隔

(1) 右边是我们学校的作息时间表（PPT 打出）。

① 请找出哪些是时间，哪些是时刻。

② 请找出第一节课初始时刻，第一节课结束时刻和第一节课的时间。

思考：一周的前两天和星期二的区别。

同学们能否在数轴上画出这三个时间呢？尝试在纸上画一下。哪位同学愿意来黑板上画一下？

2. 路程与位移

回到课前的路线图，描述物体的运动，只用时间是表示不了的，还需要路程以及新的物理量。

思考：找出它们的共同点和不同点；思考结束，请学生发表看法。

① 位移和两次行走的合位移（即代表他的位置变化的最后结果的位移）。

② 该同学的路程是多少？

③ 三个位移的大小各是多少？

④ 如果第二次从 B 点沿北偏东 60° 走 40 m，则三个位移大小各是多少？

3. 矢量和标量

(1) 展示课本地图：继续回到课前的路线图，多媒体展示出上课、放学的两个位移，请学生比较两段位移 Δx_1、Δx_2 是否相同。

（2）如图3.1.1所示，一位同学从操场中心A出发，向北走了40 m到达C点，然后又向东走了30 m到达B点。用有向线段表示他第一次、第二次的位移和两次行走的合位移（即代表他的位置变化的最后结果的位移）。三个位移的大小分别为＿＿＿＿＿＿、＿＿＿＿＿＿、＿＿＿＿＿＿。

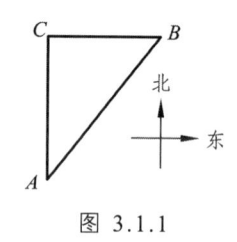

图3.1.1

【当堂训练案】

1. 第3 s内表示的是＿＿＿＿＿＿s的时间，是从＿＿＿＿＿＿s末到＿＿＿＿＿＿s末。前3 s内表示的是从0时刻到＿＿＿＿＿＿s末。

2. 如图3.1.2所示，一质点绕半径为R的圆圈运动了一周，则其位移大小为＿＿＿＿＿＿，路程是＿＿＿＿＿＿。若质点运动了半周，则其位移大小为＿＿＿＿＿＿，路程是＿＿＿＿＿＿，此运动过程中最大位移是＿＿＿＿＿＿，最大路程是＿＿＿＿＿＿。

3. 如图3.1.3所示，物体沿两个半径为R的半圆弧由A运动到C，则它的位移和路程分别是（　　）

A. 0；0
B. $4R$，向东；$2\pi R$，向东
C. $4\pi R$，向东；$4R$
D. $4R$，向东；$2\pi R$

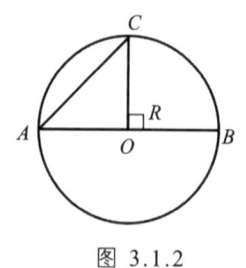

图3.1.2

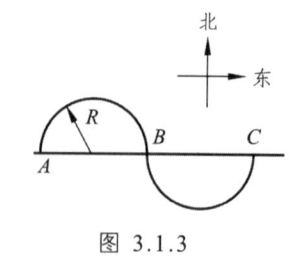

图3.1.3

4. 下列关于位移和路程的说法中，正确的是（　　）。

A. 位移的大小和路程总是相等，但位移是矢量，路程是标量

B. 位移描述直线运动，路程描述曲线运动，路程总大于位移

C. 位移取决于始末位置，路程取决于实际运动路线

D. 运动物体的路程总大于位移

【课堂检测案】

1. 体育场上正在进行 800 m 竞赛，某运动员沿 400 m 的跑道跑了两圈后，正好回到出发点，则下列说法正确的是（　　）。

A. 他的位移是 400 m　　B. 他的位移是 800 m

C. 他的位移是零　　D. 他通过的跑程也是零

2. 在第 1 题中，启发、引导学生：运动员回到出发点时，位置有否变化？

3. 一个皮球从离地 3 m 高处落下，又被地弹回，在离地 1 m 高处被接住，则皮球通过的路程和位移大小分别是（　　）。

A. 4 m，4 m　　B. 3 m，1 m

C. 3 m，2 m　　D. 4 m，2 m

4. 如图 3.1.4 所示，三位旅行者从北京到上海，甲乘火车直达，乙乘飞机直达，丙先乘汽车到天津再换轮船到上海，这三位旅行者中（　　）。

A. 甲的路程最小　　B. 丙的位移最大

C. 三者位移相同　　D. 三者路程相同

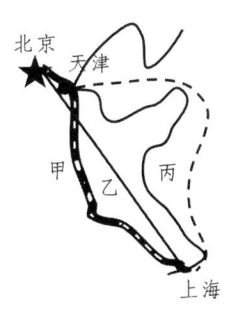

图 3.1.4

3.1.2　课题 2——匀变速直线运动的速度与位移的关系

班级：　　　　　　姓名：　　　　　　学习组：

小组评分：　　　　教师捆绑评分：　　　课题学分：

【学案使用说明】

1. 每位组员须认真阅读教材，独立完成导学预习案内容。阅读时，如有不理解或难理解的问题，应向小组学科组长汇报，共同探讨解决方法；探究案可通过小组讨论学习，学科组长要确保每个组员都能理解问题的本质。学科组长不清楚的问题要向科任教师请教，并教会本组同学。

2. 在展示过程中，各小组要注意控制时间。如果某小组无法展示，应主动让其他小组进行展示，不能拖延时间，要虚心向他人学习。

3. 点评过程采用捆绑评分的方式，以此督促合作学习的效果。个人展示成绩将代表小组成绩，因此各组员在问题研究中不能掉队，否则小组的合作成绩将为 0 分。

4. 学科小组长完成对组员"预习案""探究案""训练案"的学分量化后，立即把本组课题学分量化表交给学科班长，以便学科班长及时累加组员的每一课题学分。

【学习目标】

1. 知道匀变速直线运动的速度与位移的关系；
2. 理解匀变速直线运动的位移、速度、加速度和时间的关系；
3. 会利用匀变速直线运动公式解决实际问题。

【预习案】

1. 匀变速直线运动的速度与位移的关系

（1）对于匀变速直线运动，在 $v = v_0 + at$ 和 $x = v_0 t + \frac{1}{2}at^2$ 两式中消去＿＿＿＿＿＿，可得到速度与位移的关系：＿＿＿＿＿＿＿＿＿＿。

（2）如果问题的已知量和未知量不涉及_____，利用 $v^2 - v_0^2 = 2ax$ 求解，往往会使问题变得简单、方便。

2. 对于匀变速直线运动，一般涉及哪几个量？

3. 要完整、准确地描述匀变速直线运动，至少需要知道几个量？

[推论 1] 做匀变速直线运动的物体在一段时间 t 内的平均速度，等于这段时间的中间时刻的瞬时速度，还等于这段时间初、末速度和的一半，即 $\bar{v} = v_{\frac{t}{2}} = \dfrac{v_0 + v_t}{2}$。

[推论 2] 做匀变速直线运动的物体，在任意两个连续相等时间（t）内的位移之差为一恒定值，即 $\Delta x = x_2 - x_1 = x_3 - x_2 = \cdots = x_n - x_{n-1} = at^2$。

【探究案】

1. 用公式 $v = v_0 + at$ 和 $x = v_0 t + \dfrac{1}{2}at^2$ 进行以下推导：

（1）如果消去时间 t 会得到什么关系？

（2）如果消去初速度 v_0，会得到什么关系？

（3）对一般的匀变速直线运动涉及的物理量有 5 个（v_0、v、t、a、x），它们可变换出来的公式有哪些？

2. 初速度为零的匀加速直线运动的五个推论：

（1）$1t$ 末，$2t$ 末，$3t$ 末，$\cdots$，nt 末的速度之比 $v_1 : v_2 : v_3 : \cdots : v_n = 1 : 2 : 3 : \cdots : n$。

（2）$1t$ 内，$2t$ 内，$3t$ 内，$\cdots$，nt 内的位移之比 $x_1 : x_2 : x_3 : \cdots : x_n = 1^2 : 2^2 : 3^2 : \cdots : n^2$。

（3）第 1 个 t 内，第 2 个 t 内，第 3 个 t 内，$\cdots$，第 N 个 t 内的位移之比 $x_\mathrm{I} : x_\mathrm{II} : x_\mathrm{III} : \cdots : x_N = 1 : 3 : 5 : \cdots : (2N-1)$。

（4）通过前 x，前 $2x$，前 $3x$，$\cdots$，前 nx 位移所用时间之比 $t_1 : t_2 : t_3 : \cdots : t_n = 1 : \sqrt{2} : \sqrt{3} : \cdots : \sqrt{n}$。

（5）通过第一个 x，第二个 x，第三个 x，$\cdots$，第 N 个 x 位移所用时间之比 $t_\mathrm{I} : t_\mathrm{II} : t_\mathrm{III} : \cdots : t_N = 1 : (\sqrt{2}-1) : (\sqrt{3}-\sqrt{2}) : \cdots : (\sqrt{N}-\sqrt{N-1})$。

【当堂训练案】

1. 某物体的初速度为 v_0，以不变的加速度 a 做直线运动，如果要使速度增大到初速度的 n 倍，则在这个过程中物体通过的位移是（　　）。

A. $\dfrac{v_0^2}{2a}(n^2-1)$　　　　B. $\dfrac{v_0^2}{2a}(n-1)$

C. $\dfrac{v_0^2}{2a}n^2$　　　　D. $\dfrac{v_0^2}{2a}(n-1)^2$

2. 在一次交通事故中，交通警察测量出肇事车辆的刹车痕迹长 20 m，假设该车辆最大刹车加速度是 10 m/s²，该路段限速为 60 km/h，则该车（　　）。

A. 超速　　　　B. 不超速

C. 无法判断　　　　D. 刚好是 60 km/h

3. 一小车从 A 点由静止开始做匀加速直线运动，若到达 B 点时速度为 v，到达 C 点时速度为 $2v$，则 AB 与 BC 距离之比等于（　　）。

A. 1∶1　　　　B. 1∶2

C. 1∶3　　　　D. 1∶4

4. 2018 年 12 月 19 日，青海冰壶国际邀请赛落下帷幕。某次比赛中，一冰壶（可视为质点）在摩擦力作用下做匀减速直线运动，初速度为 v_0，测得冰壶运动过程中位移与速度的关系满足 $x=2-0.5v^2$，空气阻力不计，则冰壶运动的整个过程（　　）。

A. 加速度大小为 2 m/s²　　　　B. 初速度 v_0 大小为 1 m/s

C. 运动的时间为 4 s　　　　D. 运动的位移大小为 2 m

5. 一辆汽车刹车前速度为 90 km/h，刹车获得的加速度大小为 10 m/s²，求：

（1）汽车刹车开始后 10 s 内滑行的距离 x_0。

（2）从开始刹车到汽车位移为 30 m 时所经历的时间 t。

（3）汽车静止前 1 s 内滑行的距离 x'。

【课堂检测案】

1. 2018 年 12 月中旬，华北黄淮雾霾天气反复，南方昼夜温差加大。假定某路段受到雾霾影响能见度小于 18 m，某车以 20 m/s 的速度运动，刹车需要滑行 20 m 才能停下，如果该司机的反应时间为 0.45 s，该车在该路段的最大允许速度为多少？

2. 一列火车进站前先关闭气阀，让车减速滑行。滑行了 300 m 时速度减为关闭气阀时的一半，此后又继续滑行了 20 s 停在车站。设火车在滑行过程中加速度始终维持不变，求：

（1）火车滑行的加速度；

（2）火车关闭气阀时的速度；

（3）从火车关闭气阀到停止滑行时，滑行的总位移。

3. 随着机动车数量的增加，交通安全问题日益凸显，分析交通违法事例，能警示我们遵守交通法规，珍惜生命。图 3.1.5 所示为某型号货车紧急制动时（假设做匀减速直线运动）的 v^2-x 图象（v 为货车的速度，x 为制动距离），其中图线 1 为满载时符合安全要求的制动图象，图线 2 为严重超载时的制动图象。某路段限速 72 km/h，是根据该型号货车满载时安全制动时间和制动距离确定的，现有一辆该型号的货车严重超载并以 54 km/h 的速度行驶。通过计算回答：

（1）驾驶员紧急制动时，该型号严重超载的货车制动时间和制动距离是否符合安全要求？

（2）若驾驶员从发现险情到采取紧急制动措施的反应时间为 1 s，则该型号货车满载时以 72 km/h 速度正常行驶的跟车距离至少应为多少？

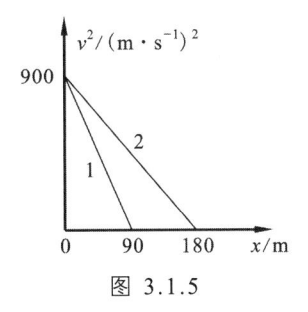

图 3.1.5

3.1.3 课题 3——摩擦力

班级：　　　　　　　姓名：　　　　　　　学习组：
小组评分：　　　　　教师捆绑评分：　　　课题学分：

【学案使用说明】

1. 每位组员须认真阅读教材，独立完成导学预习案内容。阅读时，如有不理解或难理解的问题，应向小组学科组长汇报，共同探讨解决方法；探究案可通过小组讨论学习，学科组长要确保每个组员都能理解问题的本质。学科组长不清楚的问题要向科任教师请教，并教会本组同学。

2. 在展示过程中，各小组要注意控制时间。如果某小组无法展示，应主动让其他小组进行展示，不能拖延时间，要虚心向他人学习。

3. 点评过程采用捆绑评分的方式，以此督促合作学习的效果。个人展示成绩将代表小组成绩，因此各组员在问题研究中不能掉队，否则小组的合作成绩将为 0 分。

4. 学科小组长完成对组员"预习案""探究案""训练案"的学分量化后，立即把本组课题学分量化表交给学科班长，以便学科班长及时累加组员的每一课题学分。

【学习目标】

1. 知道摩擦力的概念。
2. 理解滑动摩擦力的产生条件、大小和方向的判断。
3. 理解静摩擦力的大小、静摩擦力的有无及方向的判断。
4. 能应用摩擦力的规律分析、解决实际问题。

【预习案】

1. 摩擦力是在两个相互接触的物体之间产生的。两个相互接触的物体，当它们发生_____或具有_____时，就会在接触面上产生_____的力，这种力叫作摩擦力。

2. 摩擦力的方向总跟接触面相切，并且跟物体的＿＿＿＿＿或＿＿＿＿＿方向相反。

3. 静摩擦力的大小是可以随外力的变化而变化的，但它有最大值，它的最大值叫＿＿＿＿＿；滑动摩擦力的大小的计算公式是＿＿＿＿＿。

4. 静摩擦力在生产技术中的应用也很多。皮带运输机是靠＿＿＿＿＿和＿＿＿＿＿之间的＿＿＿＿＿，把货物送往别处的。

5. 人在地面上行走不容易滑倒，但在有沙子的地面上行走很容易滑倒，原因是＿＿＿＿＿＿＿＿＿＿。

【探究案】

1. 手握装满水的饮料瓶或水杯，并在空中让饮料瓶与手保持静止。

（1）饮料瓶在竖直方向受几个力的作用？由于重力作用，饮料瓶有什么样的运动趋势？这说明了什么问题？

（2）如果我们让手握饮料瓶的力一点点放松，放松到和瓶子之间的弹力趋于零，会出现什么现象？这说明了什么问题？

2. 受到静摩擦力作用的物体是否一定处于静止状态？

3. 实验探究：在水平桌面上放一长木板，上面放一质量较大的木块。开始时，在木板与木块接触的外侧面做两个对顶的三角形的记号，如图 3.1.6 所示，当沿图中箭头所示方向缓缓地拉木板时，可以看到木块随木板一起移动，弹簧测力计的示数逐渐增大，但两个三角形记号的相对位置却没有变化，直到弹簧测力计的示数增大到某一数值后，才看到两个三角形记号相对位置发生变化。则：

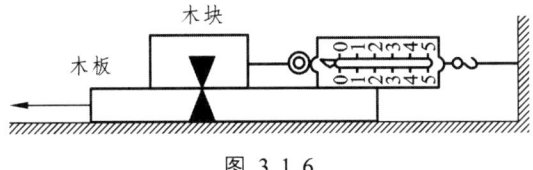

图 3.1.6

① 此过程中静摩擦力的方向如何？如何判断相对运动趋势？此过程中静摩擦力的大小如何？

② 当木块相对木板将要滑动时，弹簧测力计的示数如何？

4. 静摩擦力的取值范围是 $0<F_f \leqslant F_{fmax}$，静摩擦力没有计算公式，求解静摩擦力的大小一般应用二力平衡条件，应用二力平衡条件求静摩擦力时要注意些什么？

5. 你认为最大静摩擦力与压力有关系吗？

【同步练习案】

1.（多选）关于摩擦力和弹力的关系，下列说法正确的是（　　）。

A. 两物体间有弹力就必有摩擦力

B. 两物体间有摩擦力就必有弹力

C. 弹力和摩擦力方向互相垂直

D. 两物体间的弹力消失时摩擦力可能存在

2.（多选）如图 3.1.7 所示，A、B 叠放在水平面上，水平力 F 作用在 A 上，使二者一起向左做匀速直线运动，下列说法正确的是（　　）。

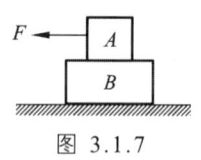

图 3.1.7

A. A、B 之间无摩擦力

B. A 受到的摩擦力水平向右

C. B 受到 A 的摩擦力水平向左

D. 地面对 B 的摩擦力为静摩擦力，水平向右

3. 如图 3.1.8 所示，位于水平桌面上的物块 P，由跨过定滑轮的轻绳与物块 Q 相连，连接滑轮和 P、Q 的两段绳都是水平的。已知 Q 与 P 之间以及 P 与桌面之间的动摩擦因数都是 μ，两物块的质量都是 m，滑轮的质量、滑轮轴上的摩擦都不计，若用一水平向右的力 F 拉 P 使它做匀速运动，则 F 的大小为（　　）。

A. $4\mu mg$　　　　　　　　B. $3\mu mg$

C. $2\mu mg$　　　　　　　　D. μmg

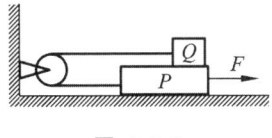

图 3.1.8

4. 如图 3.1.9 所示，传送带上的物体随水平传送带一起以速度 v_1 向右运动，当遇到与传送带垂直的光滑挡板 AB 后，工人便将物体用平行于挡板的水平力 F 匀速拖下传送带，其速度大小为 v_2，请分析：

（1）物体未到达挡板时的受力情况。

（2）物体到达挡板后，未加拉力 F 时物体的受力情况。

（3）物体受到拉力 F 时的受力情况并画出物体在水平方向受力的示意图。

图 3.1.9

【课堂检测案】

1. 如图 3.1.10 所示，一辆汽车在平直公路上，车上有一木箱，判断下列情况中，木箱所受摩擦力的方向：

（1）汽车由静止到加速运动时（木箱和车面无相对滑动）；

（2）汽车刹车时（二者无相对滑动）；

（3）汽车匀速运动时（二者无相对滑动）；

（4）汽车刹车，木箱在车上向前滑动时；

（5）汽车在匀速运动过程中突然加速，木箱在车上滑动时。

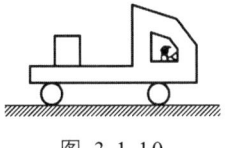

图 3.1.10

2. 某物体的重力为 200 N，放置在水平地面上，它与地面间的动摩擦因数是 0.38，它与地面间的最大静摩擦力是 80 N。

（1）用 50 N 的水平方向力推物体，地面对物体的摩擦力是_____N。

（2）至少要用_____N 的水平力，才能把物体推动。

（3）物体运动起来以后，若使其保持匀速直线运动，应在水平方向加_____N 的推力。

（4）物体在运动过程中，若把水平推力增大到 80 N，地面对物体的摩擦力为_____N。

（5）此后，若把推力减小到 50 N，直到静止前，地面对物体的摩擦力为_____N。

3. 关于滑动摩擦力公式 $F = \mu F_N$，下列说法中正确的是（　　）。

A. 动摩擦因数 μ 与摩擦力 F 成正比，F 越大，μ 越大

B. 动摩擦因数 μ 与正压力 F_N 成反比，F_N 越大，μ 越小

C. 动摩擦因数 μ 与摩擦力 F 成正比，与正压力 F_N 成反比

D. 动摩擦因数 μ 的大小由两物体接触面的粗糙程度及材料决定

4. 中央电视台体育频道每周都有棋类节目，如棋类授课和评析。他们的棋盘是竖直的，棋盘内有铁板，而每个棋子都是一个小磁体。关于棋盘和棋子，下列说法中正确的是（　　）。

A. 小棋子共受四个力的作用

B. 棋盘的吸引力越大，棋子受到的静摩擦力越大

C. 只要磁力足够大，即使棋盘光滑，棋子也能被吸在棋盘上静止

D. 棋子被吸在棋盘上静止时，棋盘对棋子的摩擦力大于棋子的重力

3.1.4 课题 4——用牛顿运动定律解决问题

班级：　　　　　　姓名：　　　　　　学习组：

小组评分：　　　教师捆绑评分：　　　课题学分：

【学案使用说明】

1. 每位组员须认真阅读教材，独立完成导学预习案内容。阅读时，如有不理解或难理解的问题，应向小组学科组长汇报，共同探讨解决

方法；探究案可通过小组讨论学习，学科组长要确保每个组员都能理解问题的本质。学科组长不清楚的问题要向科任教师请教，并教会本组同学。

2. 在展示过程中，各小组要注意控制时间。如果某小组无法展示，应主动让其他小组进行展示，不能拖延时间，要虚心向他人学习。

3. 点评过程采用捆绑评分的方式，以此督促合作学习的效果。个人展示成绩将代表小组成绩，因此各组员在问题研究中不能掉队，否则小组的合作成绩将为 0 分。

4. 学科小组长完成对组员"预习案""探究案""训练案"的学分量化后，立即把本组课题学分量化表交给学科班长，以便学科班长及时累加组员的每一课题学分。

【学习目标】

1. 会应用牛顿第二定律的步骤，对受力情况及运动情况进行分析。
2. 理解动力学两类基本问题的求解思路。
3. 会处理连接体问题。
4. 理解临界条件的分析与应用。

【预习案】

1. 牛顿第二定律的作用

牛顿第二定律确定了运动和力的关系，使我们能够把物体的_____与_____联系起来。

2. 从受力确定运动情况

如果已知物体的受力情况，可以由牛顿第二定律求出物体的_____，再通过_____，就可以确定物体的运动情况。

3. 从运动情况确定受力情况

如果已知物体的运动情况，根据运动学公式求出物体的_____，再根据_____，就可以确定物体所受的力。

【探究案】

问题 1：一个静止在水平地面上的物体，质量为 2 kg，在 6.4 N

的水平拉力作用下沿水平地面向右运动，如图 3.1.11 所示。物体受地面的摩擦力是 4.2 N。回答下列问题。

（1）本题的研究对象是谁？它共受几个力的作用？作出受力示意图。

（2）支持力 F_N 和重力 G 在竖直方向上，它们有什么关系？物体所受的合力沿什么方向？大小是多少？

（3）这个物体的运动是匀变速运动吗？依据是什么？

（4）如何求出加速度？依据的原理是什么？

（5）如何求物体在 4 s 末的速度和 4 s 内发生的位移？依据是什么？

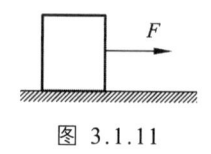

图 3.1.11

问题 2：（1）从运动情况确定物体的受力情况时需要对物体进行受力分析，此时受力分析的目的是什么？

（2）从运动情况确定物体的受力情况时需要利用牛顿第二定律列方程，此时列方程的目的是什么？

（3）分析讨论教材中的例题 2，比较例题 1 和例题 2 在解题方法上有什么相同之处？有什么不同之处？

（4）在例题 2 中为什么要建立坐标系？

（5）在运动学中，我们通常是以初速度的方向为正方向；在利用牛顿运动定律解决问题时建立的坐标系与上述情况相比，有什么不同？

【当堂训练案】

1. 2018 年 3 月 1 日起，南昌多路段抓拍限速和未系安全带。在一次交通事故中，交通警察测量出肇事车辆的刹车痕迹是 30 m，该车辆最大刹车制动力是其自身重力的 1.5 倍，该路段限速为 80 km/h，重力加速度 $g = 10$ m/s^2。则该车（　　）。

A. 超速　　　　　　　　　B. 不超速
C. 刚好是 60 km/h　　　　D. 无法判断

2. 一个物体在水平恒力 F 的作用下，由静止开始在一个粗糙的水平面上运动，经过时间 t，速度变为 v。如果要使物体的速度变为 $2v$，下列方法正确的是（　　）。

A. 将水平恒力增大到 $2F$，其他条件不变

B. 将物体质量减小一半，其他条件不变

C. 物体质量不变，水平恒力和作用时间都增为原来的 2 倍

D. 将时间增加到原来的 2 倍，其他条件不变

3. A、B 两物体以相同的初速度滑到同一粗糙水平面上，若两物体的质量 $m_A > m_B$，两物体与粗糙水平面间的动摩擦因数相同，则两物体能滑行的最大距离 x_A 与 x_B 相比（　　）。

A. $x_A = x_B$　　　　　　B. $x_A > x_B$

C. $x_A < x_B$　　　　　　D. 不能确定

4. 如图 3.1.12 所示为某小球所受的合力与时间的关系，各段的合力的大小相同，作用时间相同，且一直作用下去，设小球从静止开始运动，由此可判定（　　）。

A. 小球向前运动，再返回停止

B. 小球向前运动再返回不会停止

C. 小球始终向前运动

D. 小球向前运动一段时间后停止

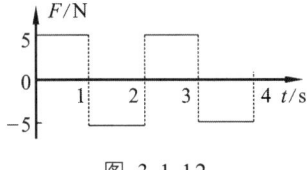

图 3.1.12

5. 如图 3.1.13 所示，绷紧的长为 6 m 的水平传送带，沿顺时针方向以恒定速率 $v_1 = 2$ m/s 运行。一小物块从与传送带等高的光滑水平台面滑上传送带，其速度大小 $v_2 = 5$ m/s。若小物块与传送带间的动摩擦因数 $\mu = 0.2$，重力加速度 $g = 10$ m/s^2，下列说法中正确的是（　　）。

A. 小物块在传送带上先向左做匀减速直线运动，然后向右做匀加速直线运动

B. 若传送带的速度为 1 m/s，小物块将从传送带左端滑出

C. 若传送带的速度为 5 m/s，小物块将以 5 m/s 的速度从传送带右端滑出

D. 若小物块的速度为 4 m/s，小物块将以 4 m/s 的速度从传送带右端滑出

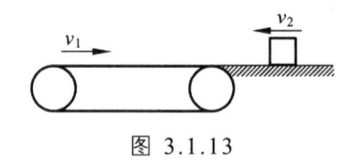

图 3.1.13

【课堂检测案】

1. 一物块以某一初速度从倾角 $\theta = 30°$ 的固定斜面底端上滑，到达最大高度处后又返回斜面底端，已知物块下滑时间是上滑时间的 3 倍，则物块与斜面间的动摩擦因数为（取 $\sqrt{3} = 1.7$）（　　）。

A. 0.1　　　　　　　　　　B. 0.29

C. 0.47　　　　　　　　　D. 0.58

2. 一个物块放在光滑的水平地面上，从静止开始受到水平向右的外力 F 的作用，外力 F 与时间 t 的关系如图 3.1.14 所示，则（　　）。

A. $0 \sim t_0$ 时间内，物块向右做匀加速运动

B. $t_0 \sim 2t_0$ 时间内，物块向左做匀加速运动

C. $0 \sim 2t_0$ 时间内，物块的速度先增大后减小

D. $0 \sim 2t_0$ 时间内，物块的加速度先增大后减小

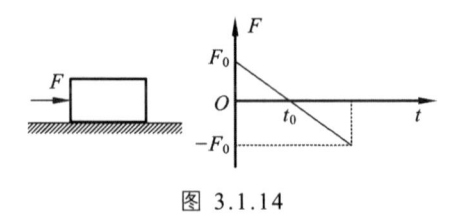

图 3.1.14

3.（多选）有甲、乙两只小球，已知质量 $m_甲 > m_乙$，体积 $V_甲 = V_乙$。现将两球从离地面同一高度处同时由静止开始释放，若它们在下落过程中受到的空气阻力大小相等，那么下列结论正确的是（　　）。

A. 两球下落的加速度 $a_甲 = a_乙$　　B. 两球下落的加速度 $a_甲 > a_乙$

C. 甲球先落地　　　　　　　　　　D. 乙球先落地

4. 如图 3.1.15 所示，底板光滑的小车上用两个完全相同的量程为 20 N 的弹簧秤甲和乙系住一个质量为 1 kg 的物块。在水平地面上当小车做匀速直线运动时，两弹簧秤的示数均为 10 N；当小车做匀加速直线运动时，弹簧秤甲的示数变为 8 N，这时小车运动的加速度大小是（　　）。

A. 2 m/s²　　　　　　　　B. 4 m/s²

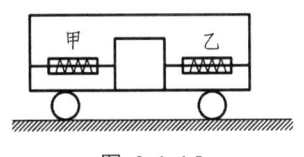

C. 6 m/s²　　　　　　　　D. 8 m/s²

图 3.1.15

5. 在光滑的水平面上有一个物体同时受到水平力 F_1 和 F_2 的作用，在第 1 s 内保持静止状态，若两个力随时间变化情况如图 3.1.16 所示，则下列说法中正确的是（　　）。

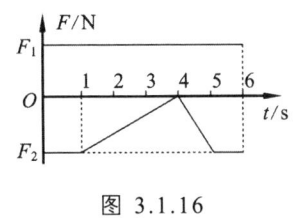

图 3.1.16

A. 在第 2 s 内物体做匀加速运动，加速度大小恒定，速度均匀增大

B. 在第 5 s 内物体做变加速运动，加速度均匀减小，速度逐渐增大

C. 在第 3 s 内物体做变加速运动，加速度均匀减小，速度均匀减小

D. 在第 6 s 末，物体的速度和加速度均为零

3.1.5 课题 5——平抛运动

班级：　　　　　　姓名：　　　　　　学习组：
小组评分：　　　　教师捆绑评分：　　　课题学分：

【学案使用说明】

1. 每位组员须认真阅读教材，独立完成导学预习案内容。阅读时，如有不理解或难理解的问题，应向小组学科组长汇报，共同探讨解决方法；探究案可通过小组讨论学习，学科组长要确保每个组员都能理解问题的本质。学科组长不清楚的问题要向科任教师请教，并教会本组同学。

2. 在展示过程中，各小组要注意控制时间。如果某小组无法展示，应主动让其他小组进行展示，不能拖延时间，要虚心向他人学习。

3. 点评过程采用捆绑评分的方式，以此督促合作学习的效果。个人展示成绩将代表小组成绩，因此各组员在问题研究中不能掉队，否则小组的合作成绩将为 0 分。

4. 学科小组长完成对组员"预习案""探究案""训练案"的学分量化后，立即把本组课题学分量化表交给学科班长，以便学科班长及时累加组员的每一课题学分。

【学习目标】

1. 知道什么是平抛运动及其特点，理解平抛运动是匀变速曲线运动，轨迹是抛物线。

2. 掌握研究平抛运动的方法——运动的分解与合成，理解平抛运动的规律。

3. 会用平抛运动的规律，解答有关时间、速度及位移的实际问题。

【预习案】

一、平抛运动

1. 定义：将物体以一定的初速度沿＿＿＿＿＿＿，不考虑空气阻力，物体只在＿＿＿＿＿作用下所做的运动。

2. 平抛运动是两个方向分运动的合运动，是_____曲线运动，运动轨迹是_____。

二、平抛运动的规律

1. 平抛运动的速度

（1）水平方向：不受力，为_____运动，$v_x=$_____。

（2）竖直方向：只受重力，为_____运动，$v_y=$_____。

（3）合速度：

① 大小：$v_t=$_____；

② 方向：$\tan\theta=$_____（θ是v与水平方向的夹角）。

2. 平抛运动的位移

（1）水平位移为 $x=$_____。

（2）竖直位移 $y=$_____。

（3）方向：$\tan a=$_____（a是v与水平方向的夹角）。

三、平抛运动的结论和推论

结论：1. 平抛运动的物体在空中运动的时间 t？（已知高度 h，初速度 v_0）

2. 平抛运动的物体，水平位移 x 的大小？（已知高度 h，初速度 v_0）

3. 平抛运动落地时的速度 v 的大小？（已知高度 h，初速度 v_0）

推论：1. 某时刻速度、位移与初速度方向的夹角 θ、a 的关系为_____。

（2）做平抛运动的物体在任意时刻瞬时速度的反向延长线一定通过此时水平位移的_____。

【当堂训练案】

1. 物体在做平抛运动的过程中，下列哪些量是不变的（　　）。

A. 物体运动的加速度　　B. 物体的速度

C. 物体竖直向下的分速度　D. 物体位移的方向

2. 如图 3.1.17 所示，在水平路面上一运动员驾驶摩托车跨越壕沟，壕沟两侧的高度差为 0.8 m。g 取 10 m/s²，则运动员跨过壕沟所用时间为（　　）。

A. 3.2 s B. 1.6 s
C. 0.8 s D. 0.4 s

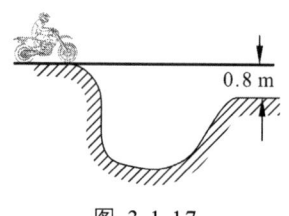

图 3.1.17

3.（多选）如图 3.1.18 所示，x 轴在水平地面上，y 轴沿竖直方向。图中画出了从 y 轴上沿 x 轴正向抛出的三个小球 a、b 和 c 的运动轨迹，其中 b 和 c 是从同一点抛出的。不计空气阻力，则（   ）

A. a 的飞行时间比 b 的长　　B. b 和 c 的飞行时间相同
C. a 的水平速度比 b 的小　　D. b 的初速度比 c 的大

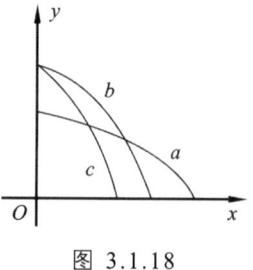

图 3.1.18

4. 如图 3.1.19 所示为投弹练习，飞机投弹时距地面 $H = 320$ m 高度以速度 $v_0 = 60$ m/s 沿水平方向匀速飞行（炸弹离开飞机时相对飞机的初速度为零），飞机和投弹目标均视为质点，不计空气阻力。炸弹准确命中地面上的固定目标。（重力加速度 g 取 10 m/s^2）求：

（1）炸弹从被投出到落地所用的时间；
（2）炸弹击中目标前瞬间的速度大小；
（3）飞机是从距目标水平距离多远时投弹的。

图 3.1.19

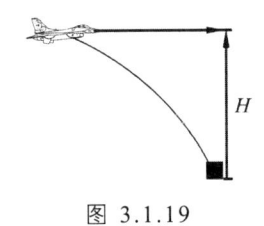

5. 将两个完全相同的小球以相同的水平初速度分别从倾角为 30° 和 60° 的斜面顶端抛出，不计空气阻力，两斜面足够长，小球均落在斜面上。小球从抛出到第一次落到斜面上的过程中，两小球的位移大小之比为（　　）。

A. $\sqrt{3}:9$　　　　　B. $\sqrt{3}:3$

C. $\sqrt{3}:2$　　　　　D. $\sqrt{3}:6$

6. 有一斜面与水平面之间的夹角为 45°，在斜面底端 A 点正上方高度为 6.4 m 处的有一 O 点，以一定的初速度水平抛出一个小球，飞行一段时间后到达斜面且位移最短，那么这段飞行所用的时间为（$g=10 \text{ m/s}^2$）（　　）。

A. 0.4 s　　　　　B. 0.8 s

C. 1.2 s　　　　　D. 2 s

【课堂检测案】

1. 将一质量为 0.2 kg 的小球距地面 $h=45$ m 的高度处，以 $v=40$ m/s 的初速度水平抛出，空气阻力不计，重力加速度 $g=10$ m/s²。求：

（1）小球在空中运动的时间；

（2）小球的水平射程；

（3）落地时速度的大小。

2. 在距地面 125 m 的低空有一小型飞机以 40 m/s 的速度水平飞行，假定从飞机上释放一物体，g 取 10 m/s²，求：

（1）物体落地时间；

（2）物体下落过程发生的水平位移大小；

（3）从释放开始到第 3 s 末物体速度的大小。

3. 将一小球以初速度 $v=3$ m/s 水平抛出，经 0.4 s 落地，g 取 10 m/s²，则小球在这段时间内的水平位移为（　　）。

A. 大于 3 m　　　　　　B. 1.2 m

C. 2.4 m　　　　　　　D. 1.8 m

4. 关于平抛运动，下列说法正确的是（　　）。

A. 平抛运动是非匀变速运动

B. 平抛运动是匀速运动

C. 平抛运动是匀变速曲线运动

D. 平抛运动的物体落地时速度方向一定是竖直向下的

5. 如图 3.1.20 所示为用频闪照相方法记录的小球做平抛运动每隔相等时间的位置。由图可知，小球在相等时间内（　　）。

A. 水平位移越来越大　　B. 竖直位移越来越小

C. 水平位移始终相等　　D. 竖直位移始终相等

图 3.1.20

6. "套圈圈"是老少皆宜的游戏，如图 3.1.21 所示，大人和小孩在同一竖直线上的不同高度处分别以水平速度 v_1、v_2 抛出铁丝圈，都能套中地面上同一目标。设大人和小孩的抛出点离地面的高度之比 $H_1 : H_2 = 2 : 1$，则 $v_1 : v_2$ 等于（　　）。

A. 1 : 2　　　　　　　B. 2 : 1

C. 1 : $\sqrt{2}$　　　　　　D. $\sqrt{2}$: 1

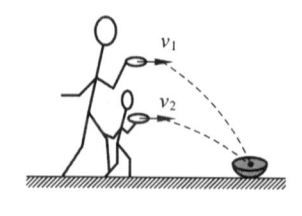

图 3.1.21

7. 如图 3.1.22 所示，小球 A、B 分别从 2l 和 l 的高度水平抛出后落地，上述过程中 A、B 的水平位移均为 2l，忽略空气阻力，则（　　）。

A. A 和 B 的运动时间相等　　B. A 的运动时间是 B 的 $\sqrt{2}$ 倍

C. B 的初速度是 A 的 2 倍　　D. A 的末速度比 B 的小

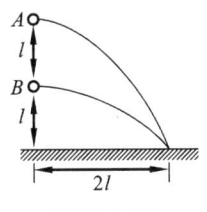

图 3.1.22

8. 如图 3.1.23 所示，从同一条竖直线上两个不同点分别向右平抛两个小球 P 和 Q，初速度分别为 v_1、v_2，结果它们同时落到水平面上的 M 点处（不考虑空气阻力），下列说法中正确的是（　　）。

A. 一定是 P 先抛出的，并且 $v_1 = v_2$

B. 一定是 P 先抛出的，并且 $v_1 < v_2$

C. 一定是 Q 先抛出的，并且 $v_1 = v_2$

D. 一定是 Q 先抛出的，并且 $v_1 > v_2$

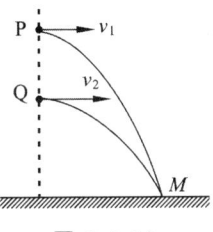

图 3.1.23

9. 如图 3.1.24 所示，在 M 点分别以不同的速度将两个小球水平抛出，两小球分别落在水平地面上的 P 点、Q 点。已知 O 点是 M 点在地面上的竖直投影，$\overrightarrow{OP} : \overrightarrow{PQ} = 1 : 3$，且不考虑空气阻力的影响，下列说法中正确的是（　　）。

A. 两小球的下落时间之比为 1 : 3

B. 两小球的下落时间之比为 1 : 4

C. 两小球的初速度大小之比为 1∶3

D. 两小球的初速度大小之比为 1∶4

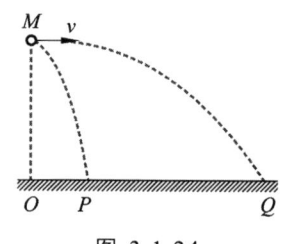

图 3.1.24

10. 如图 3.1.25 所示，某同学将一飞镖从正对靶心的某位置的正上方，水平投向竖直悬挂的靶盘，结果飞镖打在靶心的正下方。忽略空气阻力，若要打中靶心，可采取的措施是（　　）。

A. 仅降低投掷点的高度

B. 仅减小投掷飞镖的初速度

C. 仅增大投掷飞镖的初速度

D. 仅增大投掷点与靶盘间的水平距离

图 3.1.25

11.（多选）如图 3.1.26 所示，小球以 $v_0 = 12$ m/s 的速度水平抛出，在落地之前经过空中 A、B 两点，在 A 点小球速度方向与水平方向的夹角为 37°，在 B 点小球速度方向与水平方向的夹角为 53°。空气阻力忽略不计，g 取 10 m/s^2，$\sin 37° = 0.6$，$\cos 37° = 0.8$。以下判断正确的是（　　）。

A. 小球经过 A、B 两点间的时间 $t = 0.7$ s

B. 小球经过 A、B 两点间的时间 $t = 1.6$ s

C. 抛出点到 B 点间的竖直高度差 $h = 15$ m

D. 抛出点到 B 点间的竖直高度差 $h = 12.8$ m

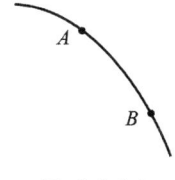

图 3.1.26

12. 如图 3.1.27 所示，一质点做平抛运动，历经 0.1 s 时间先后经过 A、B 两点，到达 A 点时速度方向与水平方向的夹角为 37°，到达 B 点时速度方向与水平方向的夹角为 53°，已知 $\sin 37° = 0.6$，$\cos 37° = 0.8$，$g = 10 \text{m/s}^2$。则 AB 两点间水平距离为（　　）

A. 1 m　　　　　　　　B. 0.8 m
C. 0.6 m　　　　　　　D. 0.4 m

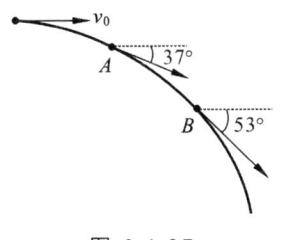

图 3.1.27

3.1.6　课题 6——太阳与行星间的引力

班级：　　　　　姓名：　　　　　学习组：
小组评分：　　　教师捆绑评分：　　课题学分：

【学案使用说明】

1. 每位组员须认真阅读教材，独立完成导学预习案内容。阅读时，如有不理解或难理解的问题，应向小组学科组长汇报，共同探讨解决方法；探究案可通过小组讨论学习，学科组长要确保每个组员都能理解问题的本质。学科组长不清楚的问题要向科任教师请教，并教会本组同学。

2. 在展示过程中，各小组要注意控制时间。如果某小组无法展示，应主动让其他小组进行展示，不能拖延时间，要虚心向他人学习。

3. 点评过程采用捆绑评分的方式，以此督促合作学习的效果。个人展示成绩将代表小组成绩，因此各组员在问题研究中不能掉队，否则小组的合作成绩将为 0 分。

4. 学科小组长完成对组员"预习案""探究案""训练案"的学分量化后，立即把本组课题学分量化表交给学科班长，以便学科班长及时累加组员的每一课题学分。

【学习目标】

1. 知道行星绕太阳运动的原因，知道太阳与行星间存在着引力作用。
2. 知道行星绕太阳做匀速圆周运动的向心力来源。
3. 知道太阳与行星间引力的方向和表达式，知道牛顿运动定律在推导太阳与行星间引力时的作用。
4. 体会将不易测量的物理量转化为易测量的物理量的方法。

【预习案】

1. 太阳对行星的引力

（1）根据开普勒行星运动定律的近似处理方法知，行星以太阳为圆心做_____运动，太阳对行星的_____提供向心力。设行星的质量为 m，速度为 v，行星到太阳的距离为 r，则行星绕太阳做匀速圆周运动需要的向心力 $F=$ _____。

（2）天文观测可得到行星公转的周期 T，行星运行的速度 v 和周期 T 之间的关系为_____。

（3）结合开普勒第三定律公式_____，可得 $F=$ _____，由该公式可知，太阳对行星的引力与_____成正比，与_____成反比，即 $F \propto$ _____。

（4）根据牛顿第三定律可知，太阳吸引行星的同时，行星也吸引太阳，由此可得行星对太阳的引力与太阳的质量 M 成_____，与行星和太阳间距离的二次方成_____，即 $F' \propto$ _____。

2. 太阳与行星间的万有引力

太阳与行星间引力的大小与太阳质量和行星质量的_____成正比，与两者距离的二次方成反比，即 $F=$ _____，G 为比例系数，其大小与太阳和行星的质量_____，引力的方向沿着二者的连线。

【探究案】

1. 追寻牛顿的足迹

情景：开普勒行星运动定律揭示了行星的运动规律，回答了人们千百年来一直追寻的"行星怎样运动"的问题。然而好奇的人们却并不满足，他们面向天穹，深情地叩问：行星为什么要这样运动？是什么力量支配着行星绕着太阳做如此和谐而有规律的运动呢？

阅读教材中的相关内容，回答下列问题：

（1）前人关于行星绕太阳运动原因的猜想有哪些？

（2）在解释行星绕太阳运动的原因这一问题上，牛顿是如何猜想的？

（3）你认为牛顿成功的关键是什么？

2. 探究太阳和行星间的引力

阅读教材中的相关内容，回答下列问题：

（1）行星绕太阳运动的轨迹是椭圆，本节乃至本章均把行星的运动看作匀速圆周运动，这样做是不是违背了客观事实？谈谈你的看法。

（2）如果设行星的质量为 m，速度为 v，运行周期为 T，行星到太阳的距离为 r，则行星绕太阳做匀速圆周运动的向心力可以怎样表示？

（3）向心力公式有多个，如 $F=m\dfrac{v^2}{r}$、$F=m\omega^2 r$、$F=m\dfrac{4\pi^2}{T^2}r$，我们选择哪个公式探究太阳对行星的引力？

（4）根据 $F=m\dfrac{4\pi^2}{T^2}r$ 可以得到 $F\propto r$，你觉得这个结论正确吗？为什么？如何寻找 F 跟 r 的关系？你可以得到什么结论？

（5）太阳对行星的引力与行星对太阳的引力是不是同一性质的力？你可以得出什么结论？

【当堂训练案】

1. 下列关于太阳对行星的引力的说法，正确的是（　　）。

A. 太阳对行星的引力等于行星做匀速圆周运动的向心力

B. 太阳对行星的引力大小与行星的质量成正比，与行星和太阳间的距离成正比

C. 太阳对行星的引力是由实验得出的

D. 太阳对行星的引力规律是由开普勒定律和行星绕太阳做匀速圆周运动的规律推导出来的

2. 地球与物体间的万有引力可以认为在数值上等于物体的重力，那么在 6400 km 的高空，物体的重力与它在地面上的重力之比为（　　）。

A. 2 : 1　　　　B. 1 : 2　　　　C. 1 : 4　　　　D. 1 : 1

3. 下列关于行星对太阳的引力的说法，正确的是（　　）。

A. 行星对太阳的引力与太阳对行星的引力是同一性质的力

B. 行星对太阳的引力与太阳的质量成正比，与行星的质量无关

C. 太阳对行星的引力远大于行星对太阳的引力

D. 行星对太阳的引力大小与太阳的质量成正比，与它们之间的距离成反比

4. 关于对行星与太阳的引力公式 $F = \dfrac{GMm}{r^2}$ 中 G 的理解，正确的是（　　）。

A. 公式中比例系数 G，与行星质量有关，与太阳质量无关

B. 公式中比例系数 G，与太阳质量有关，与行星质量无关

C. 公式中比例系数 G，与行星、太阳质量都有关

D. 公式中比例系数 G，与行星、太阳质量都无关

5. 两个行星的质量分别为 m_1 和 m_2，绕太阳运行的轨道半径分别是 r_1 和 r_2，若它们只受太阳万有引力的作用，那么，这两个行星的向心力加速度之比为（　　）。

A. 1　　　　B. $\dfrac{m_2 r_1}{m_1 r_2}$　　　　C. $\dfrac{m_1 r_2}{m_2 r_1}$　　　　D. $\dfrac{r_2^2}{r_1^2}$

【课堂检测案】

1. 火星是地球的近邻，它们均绕太阳运行，已知火星的轨道半径约为地球轨道半径的 1.5 倍，火星的质量和半径分别约为地球的 0.1 倍和 0.5 倍，则太阳对地球的引力和太阳对火星的引力的比值为（　　）。

　　A. 10　　　　B. 20　　　　C. 22.5　　　　D. 45

2. 地球的质量是月球质量的 81 倍，若地球吸引月球力的大小为 F，则月球吸引地球力的大小为（　　）。

　　A. $\dfrac{F}{81}$　　　B. F　　　C. $9F$　　　D. $81F$

3. 如图 3.1.28 所示，一个质量均匀分布的半径为 R 的球体对球外质点 P 的万有引力为 F。如果在球体中央挖去半径为 r 的一部分球体，且 $r = \dfrac{R}{2}$，则原球体剩余部分对质点 P 的万有引力变为（　　）。

　　A. $\dfrac{F}{2}$　　　B. $\dfrac{F}{8}$　　　C. $\dfrac{7}{8}F$　　　D. $\dfrac{F}{4}$

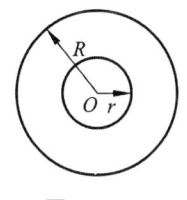

图 3.1.28

4. 假设行星绕太阳在某轨道上做匀速圆周运动，下列说法正确的是（　　）。

　　A. 行星受到太阳的引力和向心力
　　B. 太阳对行星有引力，行星对太阳没有引力
　　C. 太阳对行星的引力大于行星对太阳的引力
　　D. 太阳对行星的引力与行星的质量成正比

5. 关于太阳对行星的引力，下列说法中正确的是（　　）。

　　A. 太阳对行星的引力提供行星做匀速圆周运动的向心力，因此有

$F = m\dfrac{v^2}{r}$，由此可知，太阳对行星的引力 F 与太阳到行星的距离 r 成反比

B. 太阳对行星的引力提供行星绕太阳运动的向心力，因此有 $F = m\dfrac{v^2}{r}$，由此可知，太阳对行星的引力 F 与行星运行速度的二次方成正比

C. 太阳对不同行星的引力与行星的质量成正比，与行星和太阳间的距离的二次方成反比

D. 以上说法均不对

6. 行星绕太阳运动的实际轨道为椭圆，行星在近日点所受太阳的引力与它在远日点所受太阳的引力相比（　　）。

A. 在近日点所受太阳的引力较大

B. 在近日点所受太阳的引力较小

C. 两者大小相等

D. 无法比较行星在近日点与远日点所受太阳引力的大小

3.1.7　课题 7——机械能守恒定律

班级：　　　　　姓名：　　　　　学习组：
小组评分：　　　教师捆绑评分：　　课题学分：

【学案使用说明】

1. 每位组员须认真阅读教材，独立完成导学预习案内容。阅读时，如有不理解或难理解的问题，应向小组学科组长汇报，共同探讨解决方法；探究案可通过小组讨论学习，学科组长要确保每个组员都能理解问题的本质。学科组长不清楚的问题要向科任教师请教，并教会本组同学。

2. 在展示过程中，各小组要注意控制时间。如果某小组无法展示，应主动让其他小组进行展示，不能拖延时间，要虚心向他人学习。

3. 点评过程采用捆绑评分的方式，以此督促合作学习的效果。个

人展示成绩将代表小组成绩，因此各组员在问题研究中不能掉队，否则小组的合作成绩将为 0 分。

4. 学科小组长完成对组员"预习案""探究案""训练案"的学分量化后，立即把本组课题学分量化表交给学科班长，以便学科班长及时累加组员的每一课题学分。

【学习目标】

1. 知道机械能的定义。
2. 知道从功能原理出发，推导机械能守恒定律，并正确理解机械能守恒定律的内容。
3. 能判断物体的机械能是否守恒。
4. 掌握利用机械能守恒定律解题的基本方法。

【预习案】

1. ＿＿＿＿＿＿能、＿＿＿＿＿＿能、＿＿＿＿＿＿能统称为机械能。
2. 在一定条件下，物体的动能与势能可以相互转化，如：
(1) 苹果从树上掉下的过程中，＿＿＿＿＿能转化为＿＿＿＿＿能；
(2) 猛蹬几下自行车自由冲上斜坡的过程中，＿＿＿＿＿能转化为＿＿＿＿＿能；
(3) 拉弓射箭的过程中，＿＿＿＿＿能转化为＿＿＿＿＿能；
(4) 运动会上撑竿跳高运动员在跳起的过程中＿＿＿＿＿能转化为＿＿＿＿＿能。

【探究案】

1. 机械能守恒定律

动能和势能的相互转化是否存在某种定量的关系？上述各运动过程中，物体的机械能是否变化？

2. 判断物体机械能是否守恒的方法

(1) 根据"机械能＝动能＋重力势能＋弹性势能"，通过能量的增减判断；

（2）根据"只有重力做功或只有弹簧弹力做功，系统机械能守恒"，通过外力做功判断。

3. 机械能守恒定律的几种表达形式

（1）守恒观点表达式：$E_{k1} + E_{p1} = E_{k2} + E_{p2}$ 或 $E_1 = E_2$

（2）转化观点表达式：$\Delta E_k = -\Delta E_p$

（3）转移观点表达式：$\Delta E_{A增} = \Delta E_{B减}$

（4）先考虑只有重力对物体做功的理想情况。

情境设置：如图 3.1.29 所示物体自由下落过程中，经过高度 h_1 的 A 点时速度为 v_1，经过高度 h_2 的 B 点时速度为 v_2，分析下落过程中 A、B 两位置的机械能之间的数量关系。

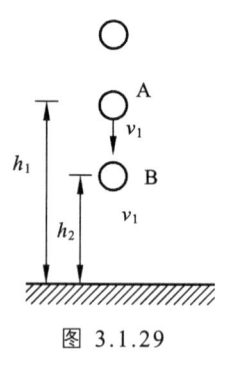

图 3.1.29

推导过程：

A 点到 B 点，由功的计算式知，重力做的功 $W_G = $ _____

重力做的功 W_G 与重力势能变化关系是：_____

初位置 A 物体具有的机械能 $E_1 = $ _____

初位置 B 物体具有的机械能 $E_2 = $ _____

总结：机械能守恒表达式为_____

点评：应用机械能守恒定律的解题步骤

（1）确定_____；

（2）对研究对象进行_____；

（3）判断各个力是否做功，并分析是否符合机械能守恒的条件；

（4）选取_____参考平面，并确定研究对象在始、末状态时的_____；

（5）根据_____定律列出方程，进行求解。

【当堂训练案】

1. 物体在平衡力作用下运动的过程中，下列说法正确的是（　　）。

A. 机械能一定不变

B. 物体的动能保持不变，而势能一定变化

C. 若物体的势能变化，则机械能一定变化

D. 若物体的势能变化，则机械能不一定有变化

2. （多选）如图 3.1.30 所示，斜面置于光滑水平地面，其光滑斜面上有一物体由静止沿斜面下滑，在物体下滑过程中，下列说法正确的是（　　）。

A. 物体的重力势能减少，动能增加

B. 斜面的机械能不变

C. 斜面对物体的作用力垂直于接触面，不对物体做功

D. 物体和斜面组成的系统机械能守恒

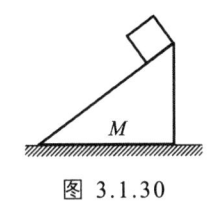

图 3.1.30

3. 如图 3.1.31 所示，小球从高处下落到竖直放置的轻弹簧上，在弹簧压缩到最短的整个过程中，下列关于能量的叙述中正确的应是（　　）。

A. 重力势能和动能之和总保持不变

B. 重力势能和弹性势能之和总保持不变

C. 动能和弹性势能之和保持不变

D. 重力势能、弹性势能和动能之和总保持不变

图 3.1.31

4. 木块静止挂在绳子下端，一子弹以水平速度射入木块并留在其中，再与木块一起共同摆到一定高度，如图 3.1.32 所示。从子弹开始射入到共同上摆到最大高度的过程中，下列说法正确的是（　　）。

　　A．子弹的机械能守恒

　　B．木块的机械能守恒

　　C．子弹和木块的总机械能守恒

　　D．以上说法都不对

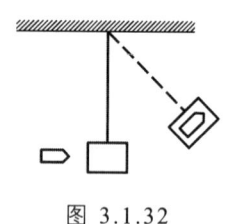

图 3.1.32

5. 桌面高度为 h，质量为 m 的小球从离桌面高 H 处自由落下，不计空气阻力，假设桌面处的重力势能为零，小球落到地面前瞬间的机械能应为（　　）。

　　A．mgh　　　　　　　　B．mgH

　　C．$mg(H+h)$　　　　　D．$mg(H-h)$

【课堂检测案】

1. (多选) 关于机械能守恒的叙述，下列说法中正确的（　　）。

　　A．做匀速直线运动的物体机械能一定守恒

　　B．做变速运动的物体机械能可能守恒

　　C．外力对物体做功为零，则物体的机械能守恒

　　D．若只有重力对物体做功，物体的机械能守恒

2. （多选）从离地高为 H m 的阳台上以速度 v 竖直向上抛出质量为 M 的物体，它上升 h m 后又返回下落，最后落在地面上，则下列说法中正确的是（不计空气阻力，以地面为参考面）（　　）。

A. 物体在最高点时机械能为 $Mg(H+h)$

B. 物体落地时的机械能为 $Mg(H+h)+\dfrac{1}{2}Mv^2$

C. 物体落地时的机械能为 $MgH+\dfrac{1}{2}Mv^2$

D. 物体在落回过程中，过阳台时的机械能为 $MgH+\dfrac{1}{2}Mv^2$

3. 一个人站在阳台上，以相同的速度 V_0 分别把三个小球竖直上抛、竖直下抛、水平抛出，不计空气阻力，关于三球落地的速率下列说法中正确的是（　　）。

A. 上抛球最大　　　　　B. 下抛球最大

C. 平抛球最大　　　　　D. 三个球一样大

4. （多选）从高处自由下落的物体，它的重力势能 E_p 和机械能 E 随高度 h 的变化图线如图 3.1.33 所示，正确的是（　　）。

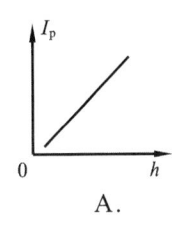

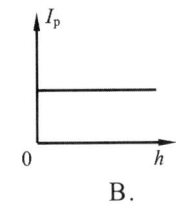

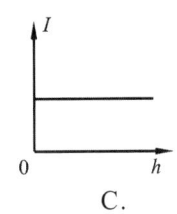

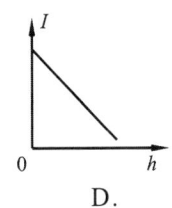

图 3.1.33

5. （多选）如图 3.1.34 所示，一小球自 A 点由静止自由下落，到 B 点时与弹簧接触，到 C 点时弹簧被压缩到最短。若不计弹簧质量和空气阻力，在小球由 $A \to B \to C$ 的过程中（　　）。

A. 小球从 $A \to B$ 的过程中机械能守恒；小球从 $B \to C$ 的过程中机械能也守恒

B. 小球在 B 点时动能最大

C. 小球减少的机械能，等于弹簧弹性势能的增量

D. 小球到达 C 点时动能为零，弹簧的弹性势能最大

图 3.1.34

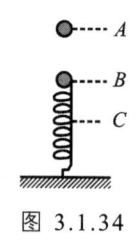

6. 如图 3.1.35 所示，荡秋千是一种常见的娱乐休闲活动，也是我国民族运动会上的一个比赛项目。若秋千绳的长度为 2.0 m，荡到最高点时秋千绳与竖直方向成 $\theta = 60°$ 角，求荡到最低点时秋千的速度。（忽略空气阻力和摩擦）

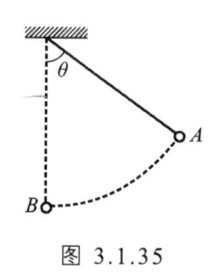

图 3.1.35

3.1.8 课题 8——电场强度

班级：　　　　　姓名：　　　　　学习组：
小组评分：　　　教师捆绑评分：　　课题学分：

【学案使用说明】

1. 每位组员须认真阅读教材，独立完成导学预习案内容。阅读时，如有不理解或难理解的问题，应向小组学科组长汇报，共同探讨解决方法；探究案可通过小组讨论学习，学科组长要确保每个组员都能理解问题的本质。学科组长不清楚的问题要向科任教师请教，并教会本组同学。

2. 在展示过程中，各小组要注意控制时间。如果某小组无法展示，应主动让其他小组进行展示，不能拖延时间，要虚心向他人学习。

3. 点评过程采用捆绑评分的方式，以此督促合作学习的效果。个人展示成绩将代表小组成绩，因此各组员在问题研究中不能掉队，否则小组的合作成绩将为 0 分。

4. 学科小组长完成对组员"预习案""探究案""训练案"的学分量化后，立即把本组课题学分量化表交给学科班长，以便学科班长及时累加组员的每一课题学分。

【学习目标】

1. 理解电场强度的概念。
2. 理解真空中点电荷周围的电场强度计算公式。
3. 理解电场强度叠加原理。
4. 理解电场线概念，记住几种特殊电场的电场线特征。

【预习案】

1. 电场

（1）带电体周围存在一种物质，这种物质是_____电场，电荷间的相互作用就是通过电场发生的，它是一种看不见的客观存在的_____，它具有力和能的特性。

（2）电场最基本的性质是_____。

2. 电场强度

（1）引入电场强度的目的是描述电场的强弱，它所描述的是放入电场中的电荷所受力的性质；放入电场中某点的电荷所受的_____与_____的比值，叫电场强度。

（2）电场强度定义式为_____，电场强度的单位为_____。

（3）电场强度是矢量，规定电场中某点的电场强度方向与_____（选填"正"或"负"）电荷在该点所受到的静电力的方向相同。电荷产生电场，那么空间某点的电场强度是各电荷单独存在时在该点所产生的电场强度的矢量和。合电场强度的计算应遵_____定则。

3. 电场线

（1）为了直观地描述电场，英国物理学家（填人名）_____提出了用电场线描述电场的方法。

（2）电场线就是在电场中画出一些有方向的曲线，在这些曲线上，每一点的_____方向表示该点的电场强度方向。电场线的疏密程度表示_____的大小。电场线并不是实际存在的，它只是为了形象地描述电场而引入的一种假想的曲线。

（3）匀强电场：电场强度的大小和方向都相同的电场。匀强电场的电场线是一簇_____。

（4）如果空间中有几个点电荷同时存在，那么该如何确定某点的电场强度？它遵循什么原则？

【探究案】

1. 阅读教材中"电场"部分的内容，回答下列问题。

（1）法拉第是在什么情况下提出"电场"概念的？

（2）变化的电场具有什么性质使我们说它具有物质性？

2. 阅读教材中"电场强度"部分的内容，回答下列问题。

（1）在如图 3.1.36 所示的实验中，带电金属球 A 通过什么对带电小球发生库仑力作用？把同一个带电小球分别挂在 P_1、P_2、P_3 处时，发现受力的大小不同，这说明什么？

（2）为什么实验中使用的试探电荷的电荷量和尺寸都必须足够小？

（3）如果图中的带电金属球 A 可以看作点电荷，且它所带电荷量为 Q，那么在离 A 球距离为 r 的位置依次放置点电荷 q_1、$2q_1$、$3q_1$……其所受到的库仑力分别是多少？

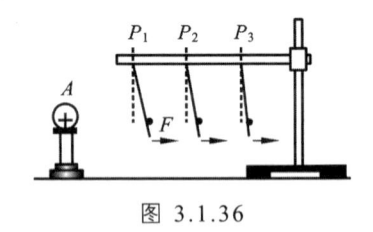

图 3.1.36

（4）为什么定义电场强度 $E=\dfrac{F}{q}$，却又说电场中某点的电场强度 E 与放在该处的试探电荷的电荷量 q 及其受到的静电力 F 无关？

3. 设一个点电荷的电荷量为 $+Q$，在与之相距为 r 的 A 点放一试探电荷，其所带电荷量为 $+q$，如图 3.1.37 所示。试利用电场强度定义及库仑定律推导 A 点电场强度的大小，并确定 A 点电场强度的方向。

4. 阅读教材"电场线"标题下面的内容，回答下列问题。

（1）电场线是如何表示电场方向的？

（2）电场线能不能相交？

（3）电场线是如何表示电场强弱的？

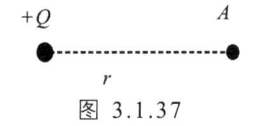

图 3.1.37

【当堂训练案】

1.（多选）如图 3.1.38 为某电场中的一条电场线，在 A 点静止地放一个带正电的粒子（所受重力不能忽略），粒子到达 B 点时速度恰好为零，则（　　）。

A. 该粒子从 $A \to B$ 做变加速运动

B. 电场线的方向一定竖直向上

C. A 点电场强度有可能比 B 点大

D. 该电场可能是负的点电荷的电场

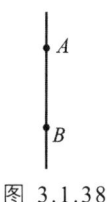

图 3.1.38

2. 如图 3.1.39 所示，带正电的金属圆环竖直放置，其中心处有一电子，若电子某时刻以初速度 v_0 从圆环中心处水平向右运动，则此后电子将（　　）。

A. 做匀速直线运动

B. 做匀减速直线运动

C. 可能以圆环中心为平衡位置做往复运动

D. 以上答案均不对

图 3.1.39

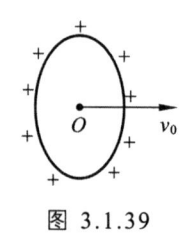

3. 如图 3.1.40 所示，在光滑绝缘水平面上，三个带电小球 a、b 和 c 分别位于边长为 l 的正三角形的三个顶点上；a、b 带正电，电荷量均为 q，c 带负电。整个系统置于方向水平的匀强电场中。已知静电力常量为 k。若三个小球均处于静止状态，则匀强电场的电场强度的大小为（　　）。

A. $\dfrac{\sqrt{3}kq}{3l^2}$ B. $\dfrac{\sqrt{3}kq}{l^2}$ C. $\dfrac{3kq}{l^2}$ D. $\dfrac{2\sqrt{3}kq}{l^2}$

图 3.1.40

4. 如图 3.1.41 所示，一半径为 R 的圆盘上均匀分布着电荷量为 Q 的电荷，在垂直于圆盘且过圆心 c 的轴线上有 a、b、d 三个点，a 和 b、b 和 c、c 和 d 间的距离均为 R，在 a 点处有一电荷量为 q（q>0）的固定点电荷。已知 b 点处的电场强度为零，则 d 点处电场强度的大小为（k 为静电力常量）（　　）。

A. $k\dfrac{3q}{R^2}$ B. $k\dfrac{10q}{9R^2}$ C. $k\dfrac{Q+q}{R^2}$ D. $k\dfrac{9Q+q}{9R^2}$

图 3.1.41

5. 两个质量相同的小球用不可伸长的细线连接，置于电场强度为 E 的匀强电场中，小球 1 和 2 均带正电，电荷量分别为 q_1 和 q_2（$q_1 > q_2$），将细线拉直并使之与电场方向平行，如图 3.1.42 所示。若将两个小球同时从静止状态释放，则释放后细线中的张力 T 为（不计重力及两小球间的库仑力）（　　）。

A. $T = \dfrac{1}{2}(q_1 - q_2)E$
B. $T = (q_1 - q_2)E$
C. $T = \dfrac{1}{2}(q_1 + q_2)E$
D. $T = (q_1 + q_2)E$

图 3.1.42

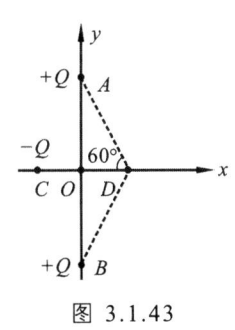

6. 如图 3.1.43 所示，在 y 轴上关于 O 点对称的 A、B 两点有等量同种点电荷 $+Q$，在 x 轴上 C 点有点电荷 $-Q$，且 $CO = OD$，$\angle ADO = 60°$。根据上述说明，在 x 轴上电场强度为零的点为 _____。如果 C 点没有电荷的存在，x 轴上电场强度为零的点 _____。

图 3.1.43

【课堂检测案】

1. 一带负电的试探电荷的电荷量为 1×10^{-10} C，放在电场中的 P 点，所受静电力大小为 1×10^{-6} N，方向向东，则 P 点的电场强度为（　　）。

A. 1×10^4 N/C,方向向西　　B. 1×10^4 N/C,方向向东

C. 1×10^{-4} N/C,方向向西　　D. 1×10^{-4} N/C,方向向东

2. 公式① $E = \dfrac{F}{q}$ 和公式② $E = k\dfrac{Q}{r^2}$ 分别为电场强度的定义式和点电荷的电场强度公式,下列说法中正确的是(　　)。

　　A. 在①式中,电场强度 E 是电荷 q 所产生的

　　B. 在②式中,电场强度 E 是 Q 所在处的电场强度

　　C. 在①式中,电场强度 E 与电荷量 q 的大小无关;在②式中,电场强度 E 是电荷 Q 产生的

　　D. ①式中的 q 必须是单位正电荷

3. 如图 3.1.44 所示,金属板带电荷量为 $+Q$,质量为 m 的金属小球带电荷量为 $+q$,当小球静止后,悬挂小球的绝缘细线与竖直方向间的夹角为 a,小球与金属板中心 O 恰好在同一条水平线上,且距离为 L。下列说法正确的是(　　)。

　　A. 金属板在小球处产生的电场强度大小 $E_1 = \dfrac{kQ}{L^2}$

　　B. 金属板在小球处产生的电场强度大小 $E_1 = \dfrac{mg\sin a}{q}$

　　C. 小球在 O 点产生的电场强度大小 $E_2 = \dfrac{kq}{L^2}$

　　D. 小球在 O 点产生的电场强度大小 $E_2 = \dfrac{mg\tan a}{Q}$

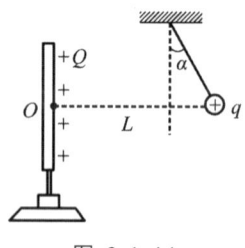

图 3.1.44

4. (多选)在电场中,将正点电荷 q 由静止释放,在它运动过程中如果不受重力,下列说法正确的是(　　)。

A．点电荷运动轨迹必与电场线重合

B．点电荷的速度方向，必定和所在点电场线的切线方向一致

C．点电荷的加速度方向，必定与所在点电场线的切线方向一致

D．点电荷的受力方向，必定与所在点电场线的切线方向一致

3.1.9 课题 9——带电粒子在电场中的运动

班级：　　　　　姓名：　　　　　学习组：

小组评分：　　　教师捆绑评分：　　课题学分：

【学案使用说明】

1．每位组员须认真阅读教材，独立完成导学预习案内容。阅读时，如有不理解或难理解的问题，应向小组学科组长汇报，共同探讨解决方法；探究案可通过小组讨论学习，学科组长要确保每个组员都能理解问题的本质。学科组长不清楚的问题要向科任教师请教，并教会本组同学。

2．在展示过程中，各小组要注意控制时间。如果某小组无法展示，应主动让其他小组进行展示，不能拖延时间，要虚心向他人学习。

3．点评过程采用捆绑评分的方式，以此督促合作学习的效果。个人展示成绩将代表小组成绩，因此各组员在问题研究中不能掉队，否则小组的合作成绩将为 0 分。

4．学科小组长完成对组员"预习案""探究案""训练案"的学分量化后，立即把本组课题学分量化表交给学科班长，以便学科班长及时累加组员的每一课题学分。

【学习目标】

1．知道带电粒子在电场中加速问题。

2．掌握带电粒子在电场中偏转。

3．了解示波管的工作原理。

【预习案】

1. 带电粒子在电场中的加速

真空中有一对平行板，A 板接电源的正极，B 板接电源的负极，两极板间形成匀强电场。在两板间若要加速一个电子，获得最大的速度，该电子应从_____极板释放。若极板间电势差为 U，电子质量为 m、电荷量为 q，电子由静止加速后的最大速度为_____。

2. 带电粒子在匀强电场中的偏转

（1）进入电场的方式：以初速度 v_0 _____于电场线进入匀强电场。

（2）受力特点：静电力大小_____，且方向与初速度 v_0 的方向_____。

（3）运动特点：做_____，与力学中的平抛运动类似，故称作_____。

（4）运动规律：_____。

3. 示波管

（1）示波器的核心部件是示波管，示波管是真空管，示波管主要由三部分组成，这三部分分别是_____。

（2）工作原理：通过灯丝发射的电子在电子枪阴极和阳极间受静电力的作用被_____，形成电子束，进入偏转电极 YY'、XX'。电子束在 YY'、XX' 中受到静电力的作用，发生_____，打到荧光屏上形成亮斑。

【探究案】

问题 1：阅读教材中"带电粒子的加速"部分的内容，回答下列问题。

（1）教材中（计算粒子到达另一个极板时的速度）情形是从功能转化角度运用动能定理分析的，你能否利用牛顿第二定律从动力学角度进行分析？

（2）如果带电粒子不是由静止开始，而是以初速度 v_0 从正极板向负极板运动，到达负极板时的速率是多少？粒子如果沿着不同的路线运行，打在屏上的粒子动能是否相同？

问题 2：阅读教材中"带电粒子的偏转"和例题 2 中的内容，回答下列问题。

（1）例题 2 中带电粒子在电场中受到的静电力是恒力吗？为什么？粒子受到的静电力的方向与其初速度的方向是什么关系？

（2）把带电粒子在偏转电极中的运动与研究平抛运动的方法进行类比。为什么我们常把垂直射入匀强电场的带电粒子的运动叫作类平抛运动？它与平抛运动有哪些相似之处？又有哪些不同之处？

问题 3：（1）在例题 2 中，电子射出极板后将做什么运动？是否仍可以用分运动的合成来研究其在电场外的运动？

（2）在例题 2 中，电子穿出极板的时间 $t=\dfrac{l}{v_0}$，如果增大极板间电势差 U，电子是否可能飞不出极板？如果飞不出极板，电子将落在哪里？电子运动的时间由哪些量决定？

问题 4：阅读教材中"示波管的原理"的内容，回答下列问题。

（1）如果建立如图所示的坐标系把荧光屏分为四个象限，那么要电子打在第Ⅰ、Ⅱ、Ⅲ、Ⅳ象限，应该分别在 YY'、XX' 上加什么样的电压？

（2）如果 XX' 上不加电压，仅在 YY' 上加变化的电压，那么荧光屏上的亮斑将会在什么位置移动？如果同时在 XX' 上加上锯齿形扫描电压，将会起到什么效果？

【当堂训练案】

1. 下列粒子从初速度为零的状态经过电压为 U 的电场加速后，粒子速度最大的是（　　）。

　　A．氢核　　　　B．氘核　　　　C．氦核　　　　D．钠离子

2. （多选）图 3.1.45 所示是示波管的原理图，下列说法正确的是（　　）。

　　A．示波管内要抽成真空

　　B．电子枪两极间可接交流电压

　　C．在偏转电极 XX' 加上偏转电压会使电子在水平方向发生偏转

　　D．通过荧光屏上出现的亮斑才能显现电子的位置

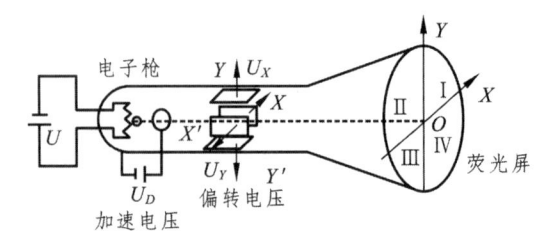

图 3.1.45

3. 一带电粒子在电场中只受静电力作用时,它不可能出现的运动状态是（　　）。

    A. 匀速直线运
    B. 匀加速直线运动
    C. 匀变速曲线运动
    D. 匀速圆周运动

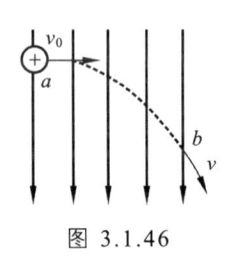

4. 如图 3.1.46 所示,一质量为 4.0×10^{-15} kg、电荷量为 2.0×10^{-9} C 的带正电质点,以 4.0×10^4 m/s 的速度垂直于电场方向从 a 点进入匀强电场区域,并从 b 点离开电场区域。离开电场时的速度为 5.0×10^4 m/s,由此可知,电场中 a、b 两点间的电势差 $\varphi_a - \varphi_b =$ _____V;带电质点离开电场时的速度在电场方向上的分量为 _____ m/s。（不考虑重力作用）

图 3.1.46

5. 如图 3.1.47 所示,在 xOy 直角坐标系中,第 I 象限内的等腰直角三角形 ABO 区域内有水平向左的匀强电场（电场强度大小未知）,在第 II 象限边长为 L 的正方形 $CBOM$ 区域内有竖直向下的匀强电场,电场强度大小为 E_0,现有一带正电粒子（重力不计）从 AB 边上的 A 点由静止释放,恰好能通过 M 点。

（1）求 ABO 区域内的匀强电场的电场强度大小 E_1。

（2）若 ABO 区域内的匀强电场的电场强度大小为 $3E_0$,要使从 AO

线上某点由静止释放该题中上述相同的带电粒子,通过坐标为$(-2L, 0)$的点,求释放点的坐标。

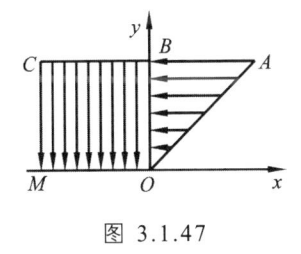

图 3.1.47

【课堂检测案】

1. 一束正离子以相同的速率从同一位置,沿垂直于电场方向飞入匀强电场中,所有离子的运动轨迹都是一样的,这说明所有粒子( )。

　　A. 都具有相同的质量　　B. 都具有相同的电荷量
　　C. 具有相同的比荷　　　D. 都是同一元素的同位素

2. 如图 3.1.48 所示,a、b 两个带正电的粒子,以相同的速度先后垂直于电场线从同一点进入平行板间的匀强电场后,a 粒子打在 B 板的 a' 点,b 粒子打在 B 板的 b' 点,若不计重力,则( )。

　　A. a 的电荷量一定大于 b 的电荷量
　　B. b 的质量一定大于 a 的质量
　　C. a 的比荷一定大于 b 的比荷
　　D. b 的比荷一定大于 a 的比荷

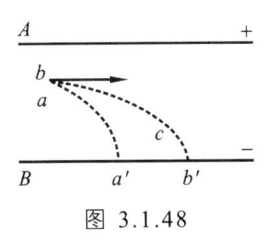

图 3.1.48

3. 如图 3.1.49 所示,静止的电子在加速电压 U_1 的作用下从 O 经 P 板的小孔射出,又垂直进入平行金属板间的电场,在偏转电压 U_2

的作用下偏转一段距离。现使 U_1 加倍，要想使电子的运动轨迹不发生变化，应该（　　）。

A. 使 U_2 加倍

B. 使 U_2 变为原来的 4 倍

C. 使 U_2 变为原来的 $\sqrt{2}$ 倍

D. 使 U_2 变为原来的 $\dfrac{1}{2}$

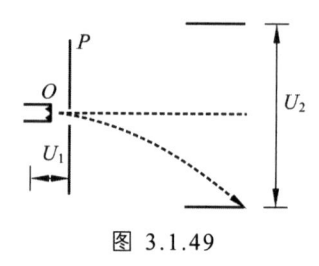

图 3.1.49

4. 如图 3.1.50 所示，A、B 为两块足够大的相距为 d 的平行金属板，接在电压为 U 的电源上。在 A 板的中央 P 点放置一个电子发射源，可以向各个方向释放电子。设电子的质量为 m、电荷量为 e，射出的初速度为 v。求电子打在 B 板上的区域面积。（不计电子的重力）

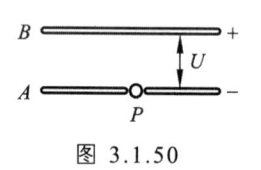

图 3.1.50

5. 如图 3.1.51 所示，长 $L=0.4$ m 的两平行金属板 A、B 竖直放置，相距 $d=0.02$ m，两板间接入 182 V 的恒定电压，且 B 板接正极。一质量 $m=9.1\times10^{-31}$ kg、电荷量 $e=1.6\times10^{-19}$ C 的电子以 $v_0=4\times10^7$ m/s 的速度紧靠 A 板向上射入电场中，不计电子的重力。问电子能否射出电场？若能，计算在电场中的偏转距离；若不能，在保持电压不变的情况下，B 板至少平移多少，电子才能射出电？

图 3.1.51

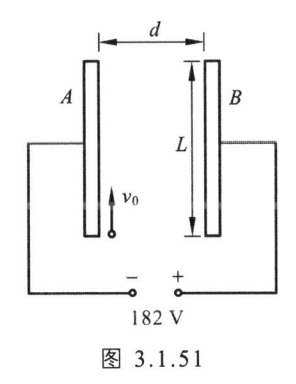

3.1.10 课题 10——闭合电路的欧姆定律

班级：　　　　　姓名：　　　　　学习组：
小组评分：　　　教师捆绑评分：　　课题学分：

【学案使用说明】

1. 每位组员须认真阅读教材，独立完成导学预习案内容。阅读时，如有不理解或难理解的问题，应向小组学科组长汇报，共同探讨解决方法；探究案可通过小组讨论学习，学科组长要确保每个组员都能理解问题的本质。学科组长不清楚的问题要向科任教师请教，并教会本组同学。

2. 在展示过程中，各小组要注意控制时间。如果某小组无法展示，应主动让其他小组进行展示，不能拖延时间，要虚心向他人学习。

3. 点评过程采用捆绑评分的方式，以此督促合作学习的效果。个人展示成绩将代表小组成绩，因此各组员在问题研究中不能掉队，否则小组的合作成绩将为 0 分。

4. 学科小组长完成对组员"预习案""探究案""训练案"的学分量化后，立即把本组课题学分量化表交给学科班长，以便学科班长及时累加组员的每一课题学分。

【学习目标】

1. 知道内电路与外电路。

2. 理解闭合电路的欧姆定律。

3. 会推导闭合电路欧姆定律的路端电压与负载的关系。

【预习案】

1. 闭合电路的组成

（1）用电器、导线和电源组成_____电路，用电器、导线组成_____电路，电源内部_____电路。

（2）在外电路中，正电荷在静电力的作用下由正极移向负极；在电源内部，_____把正电荷由_____极移到_____极。

2. 闭合电路的欧姆定律

（1）内容：闭合电路的电流跟电源的_____成正比，跟内、外电路的_____之和成反比。

（2）表达式：$I=$ _____。

（3）电动势等于内、外电路的_____之和。

3. 路端电压与负载的关系

（1）电路中消耗_____的元件通常称为负载，负载变化时电路中的

就会变化，路端电压也随之变化。

（2）路端电压随电流变化的表达式：$U=$ _____。

（3）外电路断开的路端电压等于电源的_____。

（4）当电源两极间短路时，外电阻 $R=$ _____，此时电流 $I=$ _____。

【探究案】

问题 1：阅读本节教材中的相关内容，回答下列问题。

（1）闭合电路由哪几部分组成？电流方向如何？

（2）如教材中图 2.7.2（闭合电路的电势）所示，在外电路中沿电流方向电势如何变化，为什么？在内电路中沿电流方向电势如何变化，为什么？

（3）讨论一下电源内部能量的转化情况。

问题2：先进行实验，然后阅读教材中的相关内容，回答下列问题。

（1）请通过实验说明，在如图3.1.52所示的电路中，开关S闭合前与闭合后电压表的示数有变化吗？

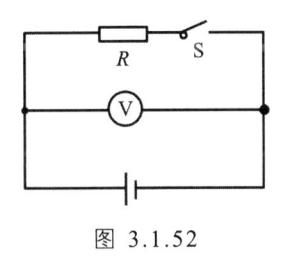

图 3.1.52

（2）设电源电动势为E，内阻为r，外电路电阻为R，闭合电路的电流为I，请根据能量转化与守恒定律，推导闭合电路欧姆定律的表达式。电源电动势E与外电路电压$U_外$和内电路电压$U_内$之间存在什么样的关系？用公式表示出来。

问题3：（知识链接）闭合电路的欧姆定律是在外电路消耗的电能全部转化为内能的条件下推导出来的，因此只适用于纯电阻电路。

（1）如图3.1.53所示，对给定的电源，E、r均为定值，外电阻变化时，电路中的电流如何变化？

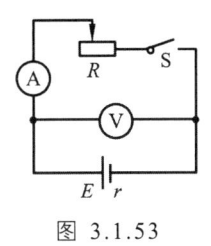

图 3.1.53

（2）外电阻变化时，路端电压如何变化？

（3）在闭合电路中，当外电阻等于零时，会发生什么现象？发生这种现象时，电流有多大？

（4）在家里，当我们打开电炉、电暖器等大功率用电器时，会发现灯光立即变暗；关闭这些电器时，灯光又立即变亮起来。这是什么原因造成的呢？

问题 4：（1）在公式 $U=E-Ir$ 中，对于同一个电源，其电动势 E 和内阻 r 是一定的，请根据函数知识分析描述路端电压 U 与电流 I 的关系的 $U-I$ 图像是怎样的，请画出其大致的情形。

（2）请通过关系式 $U=E-Ir$ 分析该图象在纵轴和横轴上的截距分别表示什么物理意义，图像的斜率又表示什么物理意义。

（3）能否根据欧姆定律公式"$U=IR$"得出闭合电路的"路端电压 U 随负载电阻的增大而增大"的结论？为什么？

【当堂训练案】

1. 下列关于闭合电路的说法中，错误的是（　　）。

A. 电源短路时，电源的内电压等于电动势

B. 电源短路时，路端电压为零

C. 电源断路时，路端电压最大

D. 电源的负载增加时，路端电压增大

2. 如图 3.1.54 所示的电路中，电源电动势 $E=9\ \text{V}$、内阻 $r=3\ \Omega$，电阻 $R=15\ \Omega$。下列说法中正确的是（　　）。

A. 当 S 断开时，$U_{AC}=9\ \text{V}$

B. 当 S 闭合时，$U_{AC}=9\ \text{V}$

C. 当 S 闭合时，$U_{AB}=9\ \text{V}$，$U_{BC}=0$

D. 当 S 断开时，$U_{AB}=0$，$U_{BC}=0$

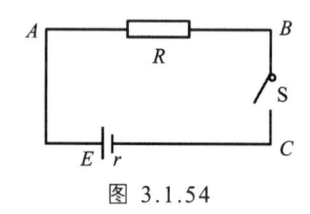

图 3.1.54

3. 电源电动势为 E，内阻为 r，向可变电阻 R 供电。关于路端电压，下列说法中正确的是（　　）。

A. 因为电源电动势不变，所以路端电压也不变

B. 因为 $U=IR$，所以当 R 增大时，路端电压也增大

C. 因为 $U=IR$，所以当 I 增大时，路端电压也增大

D. 因为 $U=E-Ir$，所以当 I 增大时，路端电压下降

4. 如图 3.1.55 所示，当滑动变阻器 R_3 的滑片 P 向上移动时（　　）。

A. 电压表 Ⓥ 和电流表 Ⓐ 的示数都增大

B. 电压表 Ⓥ 和电流表 Ⓐ 的示数都减小

C. 电压表 Ⓥ 的示数增大，电流表 Ⓐ 的示数减小

D. 电压表 Ⓥ 的示数减小，电流表 Ⓐ 的示数增大

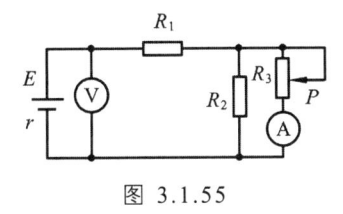

图 3.1.55

6. 如图 3.1.56 所示，$E=6$ V，$r=4$ Ω，$R_1=2$ Ω，R_2 的变化范围是 $0\sim10$ Ω。求：

（1）电源的最大输出功率；

（2）R_1 上消耗的最大功率；

（3）R_2 上消耗的最大功率。

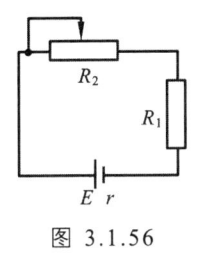

图 3.1.56

【课堂检测案】

1. 某兴趣小组对一火灾报警装置的部分电路进行探究，其电路如图 3.1.57（a）所示，其中 R_2 是半导体热敏电阻，它的电阻随温度变化的关系如图 3.1.57（b）所示。当所在处出现火情时，通过电流表的电流 I 和 a、b 两端电压 U 与出现火情前相比（　　）。

A. I 变大，U 变大　　　　B. I 变小，U 变小

C. I 变小，U 变大　　　　D. I 变大，U 变小

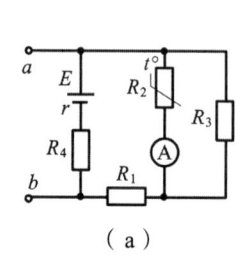

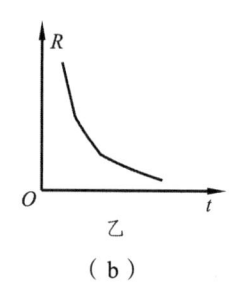

图 3.1.57

2.（多选）如图 3.1.58 所示，R_1 为定值电阻，R_2 为可变电阻，E 为电源电动势，r 为电源内阻，以下说法中正确的是（　　）。

A. 当 $R_2 = R_1 + r$ 时，R_2 获得最大功率

B. 当 $R_1 = R_2 + r$ 时，R_1 获得最大功率

C. 当 $R_2 = 0$ 时，R_1 获得最大功率

D. 当 $R_2 = 0$ 时，电源的输出功率最大

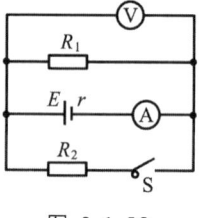

图 3.1.58

3. 如图 3.1.59 所示，电源的电动势 $E = 24\text{ V}$，内阻 $r = 1\ \Omega$，电阻 $R = 2\ \Omega$，Ⓜ为直流电动机，其电阻 $r' = 1\ \Omega$，电动机正常工作时，其两端所接电压表示数 $U_V = 21\text{ V}$。问电动机输出的机械功率为多大？

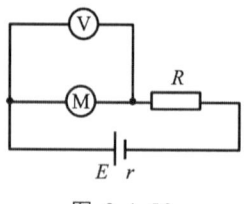

图 3.1.59

4. 在如图 3.1.60 所示的电路中，电源的电动势 $E = 3.0$ V，内阻 $r = 1.0$ Ω，电阻 $R_1 = 10$ Ω，$R_2 = 10$ Ω，$R_3 = 30$ Ω，$R_4 = 35$ Ω，电容器的电容 $C = 100$ μF，电容器原来不带电，求接通开关 S 后流过 R_4 的总电荷量。

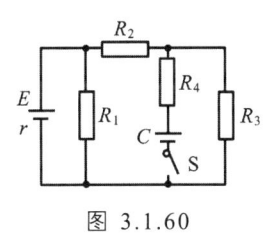

图 3.1.60

3.1.11 课题 11——带电粒子在匀强磁场中的运动

班级：　　　　　姓名：　　　　　学习组：
小组评分：　　　教师捆绑评分：　　课题学分：

【学案使用说明】

1. 每位组员须认真阅读教材，独立完成导学预习案内容。阅读时，如有不理解或难理解的问题，应向小组学科组长汇报，共同探讨解决方法；探究案可通过小组讨论学习，学科组长要确保每个组员都能理解问题的本质。学科组长不清楚的问题要向科任教师请教，并教会本组同学。

2. 在展示过程中，各小组要注意控制时间。如果某小组无法展示，应主动让其他小组进行展示，不能拖延时间，要虚心向他人学习。

3. 点评过程采用捆绑评分的方式，以此督促合作学习的效果。个人展示成绩将代表小组成绩，因此各组员在问题研究中不能掉队，否则小组的合作成绩将为 0 分。

4. 学科小组长完成对组员"预习案""探究案""训练案"的学分量化后，立即把本组课题学分量化表交给学科班长，以便学科班长及时累加组员的每一课题学分。

【学习目标】

1. 知道带电粒子在匀强磁场中做匀速圆周运动的特点。
2. 掌握带电粒子在匀强磁场中的受力及运动径迹分析。
3. 知道质谱仪、回旋加速器的工作原理。

【预习案】

1. 带电粒子在匀强磁场中的运动

（1）洛伦兹力的特点：洛伦兹力总是与速度方向_____，因此洛伦兹力不改变带电粒子速度的_____，不对带电粒子_____，也就不改变其_____。

（2）沿着与磁场_____的方向射入磁场的带电粒子，在匀强磁场中做匀速圆周运动，由_____提供向心力。

2. 质谱仪

质谱仪是通过测量带电粒子在匀强磁场中做_____时轨道的_____来计算粒子的仪器。

3. 回旋加速器

（1）原理：回旋加速器利用_____控制轨道，利用_____进行加速。

（2）优点：可以大大_____加速器装置所占的空间。

（3）缺点：带电粒子的能量达到_____MeV后，就很难再加速。

【探究案】

问题1：用洛伦兹力演示仪观察运动电子在匀强磁场中的运动，回答下列问题。

（1）由实验可以看出电子束径迹的半径 r 与磁感应强度 B 和电子速度 v 有什么关系？

（2）教材图 3.6.3（带电粒子在气泡室运动径迹的照片。有的粒子运动过程中能量降低，速度减小，径迹就呈螺旋形）中的带电粒子的径迹为什么有很多不是圆周而是螺旋形？

问题 2：阅读教材中"带电粒子在匀强磁场中的运动"标题下的内容，回答下列问题。

（1）沿着与磁场垂直的方向射入的带电粒子，在匀强磁场中做什么运动？其所受洛伦兹力起什么作用？

（2）质量为 m、电荷量为 q 的粒子以速度 v 垂直射入磁感应强度为 B 的匀强磁场中时，粒子运动径迹的半径 r 和周期 T 是多少？

问题 3：阅读教材中本节例题以及相关内容，回答下列问题。

（1）如果从离子源产生的离子经电场加速后，不是直接进入磁场，而是由小孔进入一个速度选择器，再进入磁场，如图甲所示，你知道速度选择器的工作原理吗？

（2）如果带电粒子的电荷量相同而质量不同，则它们经速度选择器进入磁场后做圆周运动的半径相同吗？为什么？

问题 4：阅读教材中"回旋加速器"标题下面的内容，回答下列问题。

（1）回旋加速器两端所加的交流电压的周期由什么决定？

（2）有同学说："回旋加速器两 D 形电极间所加交变电压越大，带电粒子最后获得的能量越高？"你认为该同学的说法正确吗？为什么？

【当堂训练案】

1. 一个带电粒子沿垂直于磁场的方向射入一匀强磁场，粒子的一段径迹如图 3.1.61 所示，径迹上的每小段都可以近似看成圆弧，由于带电粒子使沿途空气电离，粒子的能量逐渐减小（带电荷量不变），从图中情况可以确定　（　　）。

A．粒子从 a 到 b，带正电　　B．粒子从 b 到 a，带正电
C．粒子从 a 到 b，带负电　　D．粒子从 b 到 a，带负电

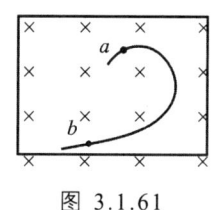

图 3.1.61

2. 一束带电粒子以同一速度并从同一位置进入匀强磁场，在磁场中它们的轨迹如图 3.1.62 所示，粒子 q_1 的轨迹半径为 r_1，粒子 q_2 的轨迹半径为 r_2，且 $r_2 = 2r_1$，q_1、q_2 分别是它们的带电荷量，则（　　）。

A. q_1 带负电、q_2 带正电，$\dfrac{q_1}{m_1} : \dfrac{q_2}{m_2} = 2:1$

B. q_1 带负电、q_2 带正电，$\dfrac{q_1}{m_1} : \dfrac{q_2}{m_2} = 1:2$

C. q_1 带正电、q_2 带负电，$\dfrac{q_1}{m_1} : \dfrac{q_2}{m_2} = 2:1$

D. q_1 带正电、q_2 带负电，$\dfrac{q_1}{m_1} : \dfrac{q_2}{m_2} = 1:1$

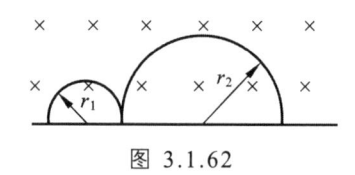

图 3.1.62

3.（多选）1930 年，劳伦斯制成了世界上第一台回旋加速器，其原理如图 3.1.63 所示。这台加速器由两个铜质 D 形盒 D_1、D_2 构成，其间留有空隙。下列说法正确的是（　　）。

A. 粒子由加速器的中心附近进入加速器

B. 粒子由加速器的边缘进入加速器

C. 粒子从磁场中获得能量

D. 粒子从电场中获得能量

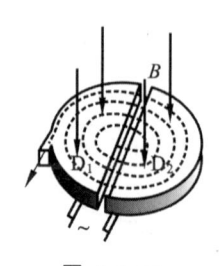

图 3.1.63

4. 电子质量为 m、电荷量为 q，以与 x 轴呈 θ 角的速度 v_0 射入磁感应强度为 B 的匀强磁场中，最后落在 x 轴上的 P 点，如图 3.1.64 所示。求：

（1） OP 的长度。

（2） 电子由 O 点射入到落在 P 点所需的时间 t。

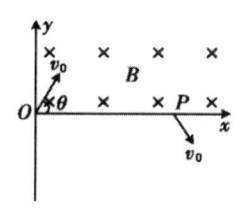

图 3.1.64

【课堂检测案】

1.（多选）下列关于不计重力的带电粒子在匀强磁场中运动的说法，正确的是（   ）。

A. 带电粒子在磁场中可能做匀速直线运动

B. 带电粒子在磁场中可能做匀速圆周运动

C. 带电粒子可能做变速圆周运动

D. 带电粒子可能做"螺旋"运动

2. 同一种带电粒子以不同的速度垂直射入匀强磁场中，其运动轨迹如图 3.1.65 所示，则可知：

（1） 带电粒子进入磁场的速度值有_____个。

（2） 这些速度的大小关系为_____。

（3） 三束粒子从 O 点出发分别到达 1、2、3 点所用时间关系为_____。

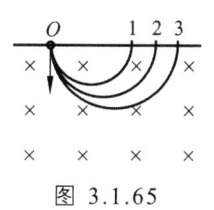

图 3.1.65

3. 如图 3.1.66 所示，半径为 R 的圆是一圆柱形匀强磁场区域的横截面（纸面），磁感应强度大小为 B，方向垂直于纸面向外，一电荷量为 q（$q>0$）、质量为 m 的粒子沿平行于直径 ab 的方向射入磁场区域，射入点与 ab 的距离为 $\dfrac{R}{2}$。已知粒子射出磁场与射入磁场时运动方向的夹角为 $60°$，则粒子的速率为（不计重力）（   ）。

A. $\dfrac{qBR}{2m}$ B. $\dfrac{qBR}{m}$ C. $\dfrac{3qBR}{2m}$ D. $\dfrac{2qBR}{m}$

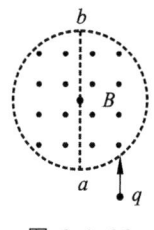

图 3.1.66

4. （多选）如图 3.1.67 所示，两个初速度大小相同的同种粒子 a 和 b，从 O 点沿垂直磁场方向进入匀强磁场，最后打到屏 P 上，不计重力。下列说法正确的有（   ）。

A. a、b 均带正电
B. a 在磁场中飞行的时间比 b 的短
C. a 在磁场中飞行的路程比 b 的短
D. a 在 P 上的落点与 O 点的距离比 b 的近

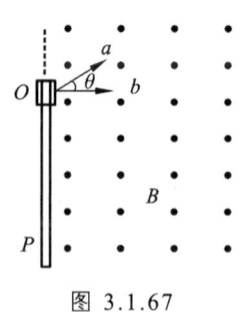

图 3.1.67

5. （多选）利用图 3.1.68 所示装置可以选择一定速度范围内的带电粒子。图中板 MN 上方磁感应强度大小为 B、方向垂直纸面向里的匀强磁场，板上有两条宽度是分别为 $2d$ 和 d 的缝，两缝近端相距为 L，一群质量为 m、电荷量为 q，具有相同速度的粒子从宽度为 $2d$ 的缝垂直于板 MN 进入磁场。对于能够从宽度为 d 的缝射出的粒子，下列说法正确的是（　　）。

A. 粒子带正电
B. 射出粒子的最大速度为 0
C. 保持 d 和 L 不变，增大 B，射出粒子的最大速度与最小速度之差增大
D. 保持 d 和 B 不变，增大 L，射出粒子的最大速度与最小速度之差增大

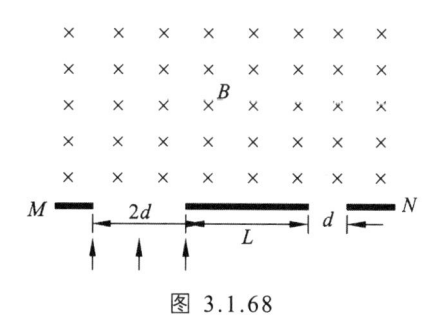

图 3.1.68

3.1.12 课题 12——法拉第电磁感应定律

班级：　　　　　姓名：　　　　　学习组：
小组评分：　　　教师捆绑评分：　　课题学分：

【学案使用说明】

1. 每位组员须认真阅读教材，独立完成导学预习案内容。阅读时，如有不理解或难理解的问题，应向小组学科组长汇报，共同探讨解决方法；探究案可通过小组讨论学习，学科组长要确保每个组员都能理解问题的本质。学科组长不清楚的问题要向科任教师请教，并教会本组同学。

2. 在展示过程中，各小组要注意控制时间。如果某小组无法展示，应主动让其他小组进行展示，不能拖延时间，要虚心向他人学习。

3. 点评过程采用捆绑评分的方式，以此督促合作学习的效果。个人展示成绩将代表小组成绩，因此各组员在问题研究中不能掉队，否则小组的合作成绩将为 0 分。

4. 学科小组长完成对组员"预习案""探究案""训练案"的学分量化后，立即把本组课题学分量化表交给学科班长，以便学科班长及时累加组员的每一课题学分。

【学习目标】

1. 熟练掌握法拉第电磁感应定律及各种情况下感应电动势的计算方法。

2. 知道自感现象及其应用。

【预习案】

1. 感应电动势

（1）磁通量变化快慢用什么概念来表达？这一物理概念的数学表达式怎样写呢？

（2）感应电流产生的条件中要求电路必须闭合。但如果电路不闭合，会有感应电动势产生吗？为什么？

2. 电磁感应定律内容

（1）1845 年、1846 年是哪两位科学家先后都提出了电磁感应定律？定律的内容是什么？

（2）一匝线圈产生电动势可用 $\varepsilon = \Delta B / \Delta t$ 表示；那当 N 匝线圈产生的电动势又该如何表示呢？为何可以这样表达呢？（说说你的理解）

3. 电动势大小的两种计算公式

（1）第一种情况：当线圈面积不变而磁场 B 大小随时间变化时，用哪个公式计算感应电动势？

（2）第二种情况：当磁场方向大小都不变，而导线在做切割磁感线运动时，用哪个公式计算感应电动势？

（3）上面两种不同的公式在计算感应电动势问题上虽然形式不同，但"磁通量发生了变化"这一实质是相同的，请你阅读 16 页图 4.4－1，写出公式 $E=BLv$ 的推导过程。

[知识点归纳一]

（1）产生感应电流的本质条件是：闭合回路的_____发生变化。_____化越_____；感应电流就越_____。反之就越_____。

（2）有感应电流那就一定有感应电动势；但有感应电动势不定有感应电流，这是因为：_____。

4. 反电动势

（1）电动机在转动时线圈产生的电动势叫什么电动势？这个电动势对线圈转动有何作用？

（2）当电动机被卡住后如果还通电会有何危害？遇到这情形你应怎么办？

（3）反电动势的概念你是怎样认识的呢？说说看（答案不统一）。

[知识点归纳二]

反电动势中的"反"之所以得其名，是因为这种电动势的方向与电源电动势的方向_____。

【探究案】

问题 1：课文第 16 页图 4.4－2 中，当导线切割方向与磁场方向不垂直时电动势如何计算？课文中 $E=BLv\sin\theta$，是计算电动势的表达公式，你认为怎样记住这一公式才不会受 $\sin\theta$ 对情景影响？

问题 2：如 ab 的实际长度为 L，它比轨道框的宽度还要长，当它以速度 v 向右运动时，ab 提供给线框的电动势是 $E=BLv$ 吗？为什么？

【课堂训练案】

1. 如图 3.1.69 所示，矩形闭合线圈与匀强磁场垂直，一定产生感应电流的是（　　）。

A．垂直于纸面运动　　B．以一条边为轴转动

C．线圈形状逐渐变为圆形　　D．沿与磁场垂直的方向平动

图 3.1.69

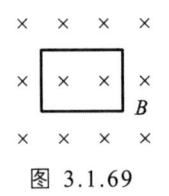

2. 闭合电路中产生感应电动势的大小，跟穿过这一闭合电路的（　　）成正比。

A．磁通量　　　　　　　　B．磁感强度

C．磁通量的变化率　　　　D．磁通量的变化量

3. 穿过一个单匝线圈的磁通量始终保持每秒钟减少 2 Wb，则（　　）。

A．线圈中感应电动势每秒增加 2 V

B．线圈中感应电动势每秒减少 2 V

C．线圈中无感应电动势

D．线圈中感应电动势保持不变

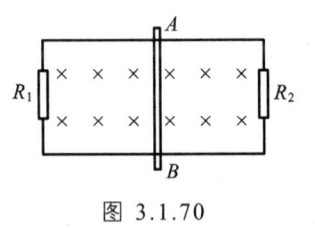

4. 如图 3.1.70 所示，在磁感应强度为 0.2 T 的匀强磁场中，有一长为 0.5 m 的导体 AB 在金属框架上以 10 m/s 的速度向右滑动，$R_1 = R_2 = 20\ \Omega$，其他电阻不计，则流过 AB 的电流是_____。

图 3.1.70

5. 关于线圈中的自感电动势的大小，下列说法正确的是（　　）

A．跟通过线圈的电流大小有关

B．跟线圈中的电流变化大小有关

C．跟线圈中的磁通量大小有关

D．跟线圈中的电流变化快慢有关

【提高训练】

1. 如图 3.1.71（a）所示，光滑导轨宽 0.4 m，ab 金属棒长 0.5 m，均匀变化的磁场垂直穿过其表面，方向如图所示，磁场的变化如图 3.1.71（b）所示，金属棒 ab 的电阻为 1 Ω，导轨电阻不计，自 $t=0$ 时，ab 棒从导轨最左端以 $v=1$ m/s 的速度向右匀速运动，则（　　）。

A. 1 s 末回路中的电动势为 1.6 V

B. 1 s 末棒 ab 受安培力大小为 1.28 N

C. 1 s 末回路中的电动势为 0.8 V

D. 1 s 末棒 ab 受安培力大小为 0.64 N

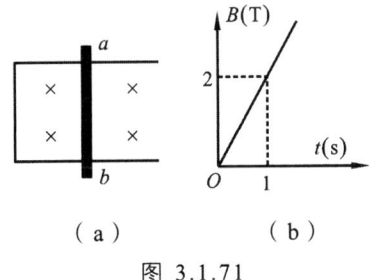

图 3.1.71

2. 如图 3.1.72 所示，长 L_1、宽 L_2 的矩形线圈电阻为 R，处于磁感应强度为 B 的匀强磁场边缘，线圈与磁感线垂直。求：将线圈以向右的速度 v 匀速拉出磁场的过程中：

（1）拉力 F 大小；

（2）拉力的功率 P；

（3）拉力做的功 W；

（4）线圈中产生的电热 Q；

（5）通过线圈某一截面的电荷量 q。

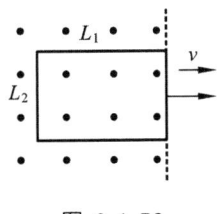

图 3.1.72

3. 如图 3.1.73 所示，先后以速度 v_1 和 v_2 匀速把一矩形线圈拉出有界匀强磁场区域，$v_1 = 2v_2$，在先后两种情况下（　　）。

A. 线圈中的感应电流之比为 $I_1 : I_2 = 2 : 1$
B. 线圈中的感应电流之比为 $I_1 : I_2 = 1 : 2$
C. 线圈中产生的焦耳热之比 $Q_1 : Q_2 = 1 : 4$
D. 通过线圈某截面的电荷量之比 $q_1 : q_2 = 1 : 2$

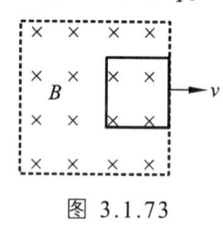

图 3.1.73

4. 如图 3.1.74 所示，导轨 OM 和 ON 都在纸面内，导体 AB 可在导轨上无摩擦滑动，若 AB 以 5 m/s 从 O 点开始沿导轨匀速向右滑，导体与导轨都足够长，且它们每米长度的电阻均为 0.2 Ω，磁场的磁感应强度为 0.2 T。求：
（1）3 s 末电路上的电流；
（2）3 s 内电路中产生的平均感应电动势。

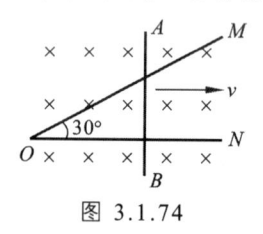

图 3.1.74

3.1.13　课题 13——描述交变电流的物理量

班级：　　　　　姓名：　　　　　学习组：
小组评分：　　　教师捆绑评分：　　课题学分：

【学案使用说明】

1. 每位组员须认真阅读教材,独立完成导学预习案内容.阅读时,如有不理解或难理解的问题，应向小组学科组长汇报，共同探讨解决方法；探究案可通过小组讨论学习，学科组长要确保每个组员都能理解问题的本质。学科组长不清楚的问题要向科任教师请教，并教会本组同学。

2. 在展示过程中，各小组要注意控制时间。如果某小组无法展示，应主动让其他小组进行展示，不能拖延时间，要虚心向他人学习。

3. 点评过程采用捆绑评分的方式，以此督促合作学习的效果。个人展示成绩将代表小组成绩，因此各组员在问题研究中不能掉队，否则小组的合作成绩将为 0 分。

4. 学科小组长完成对组员"预习案""探究案""训练案"的学分量化后，立即把本组课题学分量化表交给学科班长，以便学科班长及时累加组员的每一课题学分。

【学习目标】

1. 理解什么是交变电流的峰值和有效值，知道它们之间的关系。
2. 理解交变电流的周期、频率以及它们之间的关系。
3. 知道我国生产和生活用电的周期（频率）的大小。

【预习案】

1. 周期和频率

（1）周期：交变电流完成一次_____变化所需的时间称为它的周期，用 T 表示。

（2）频率：交变电流在 1 s 内完成_____变化的_____称为它的频率，用 f 表示。

（3）周期与频率的关系：$T=$ ___ 或 $f=$ _____。

2. 峰值和有效值

（1）峰值：

①定义：交变电流的电压、电流所能达到的_____。

②意义：用来表示电流的_____或电压的_____。

③应用：电容器所能承受的电压要_____交流电压的峰值。

（2）有效值：

①定义：让交流和恒定电流分别通过大小相同的电阻，如果在交流的_____内它们产生的_____相等，而这个恒定电流是 I、电压是 U，我们就把 I、U 称为这个交流的_____。

②应用：交流用电设备上所标的_____和_____，无特别说明时指交变电流的数值。

（3）关系：对于正弦式交变电流，有效值 I、U 与峰值 I_m、U_m 之间的关系为：$I =$ _____I_m、$U =$ _____U_m。

3. 相位

（1）定义：在交流的瞬时表达式如 $u = E_m \sin(\omega t + \phi)$ 中，正弦符号"sin"后面的量"$\omega t + \phi$"叫作交变电流的_____；ϕ 是交变电流的_____。

（2）相位差：两支交流电的_____之差。

【探究案】

1. 某交变电压随时间的变化规律如图 3.1.75 所示，则此交变电流的频率为_____Hz。线圈转动的角速度是_____rad/s。若将此电压加在 10 μF 的电容器上，则电容器的耐压值不应小于_____V。

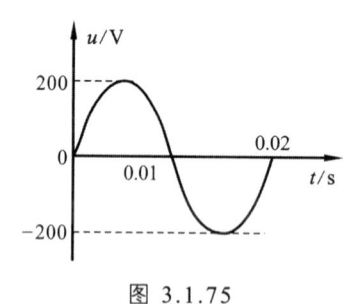

图 3.1.75

2. 我国照明电瞬时值表达式为 $e = 220\sqrt{2}\sin(100\pi t)$ V，它的周期 T 是多少？频率是 f 是多少？在 1 s 内电流的方向改变几次，电压的有效值为多少？电压最大值为多少？

3. 如图 3.1.76 所示的电流 i 通过一个 $R=1\ \Omega$ 的电阻，它不是恒定电流，求：

（1）通电 1 s 内电阻 R 中产生的热量；

（2）该交流电的有效值。

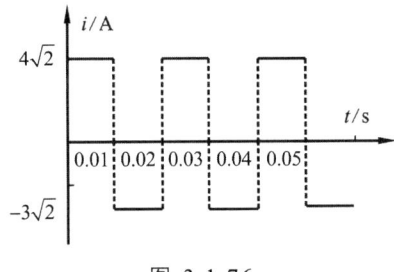

图 3.1.76

4. 某交变电压随时间的变化规律如图 3.1.77 所示，则此交变电流的频率为_____Hz。若将此电压加在 10 μF 的电容器上，则电容器的耐压值不应小于_____V；若将该电压加在一阻值为 1 kΩ 的电阻器上，该电阻器正好正常工作，为了避免意外事故的发生，该电路中保险丝的额定电流不能低于_____A。

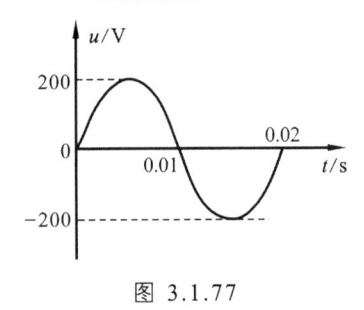

图 3.1.77

【当堂训练案】

1. 一交流电的电流随时间变化的图象如图 3.1.78 所示，此交流电流的有效值是（   ）。

A. 5 A B. 4 A
C. 3 A D. 3.5 A

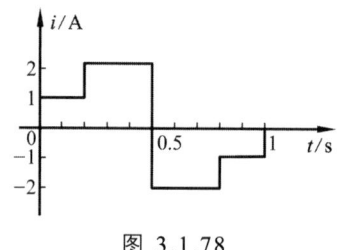

图 3.1.78

2. 下面关于交流电的说法中正确的是（　　）。
   A. 交流电器设备上所标的电压和电流值是交流的峰值
   B. 用交流电流表和电压表测定的读数值是交流的瞬时值
   C. 给定的交流数值，在没有特别说明的情况下都是指有效值
   D. 跟交流有相同的热效应的直流电的数值是交流的有效值

3. 下列关于交变电流的说法中错误的是（　　）。
   A. 交流电的频率等于发电机的转速
   B. 交流电每秒电流方向改变次数是频率的 2 倍
   C. 计算电阻发热时要用有效值
   D. $I_m = \sqrt{2}I$，$U_m = \sqrt{2}U$ 适用于任何交变电流

4. 电流方向每秒改变 50 次的交变电流，它的周期和频率分别是（　　）。
   A. 0.04 s，25 Hz   B. 0.08 s，25 Hz
   C. 0.04 s，50 Hz   D. 0.08 s，50 Hz

5. 如图 3.1.79 所示，正弦式交变电压 U 的最大值为 311 V，负载电阻 $R = 440\ \Omega$，若不考虑电表内阻对电路的影响，则交流电压表和电流表的读数分别为（　　）。
   A. 311 V，0.707 A   B. 220 V，0.5 A
   C. $311\sqrt{2}$ V，$0.707\sqrt{2}$ A   D. 220 V，0.707 A

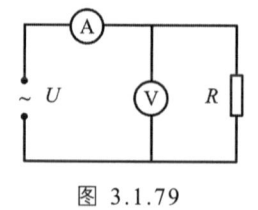

图 3.1.79

【课堂检测案】

1. 两只阻值相同的电阻分别通以正弦式交变电流和方形交变电流，如图 3.1.80 所示，若它们的电流最大值相等，则两只电阻产生的热功率之比为（　　）

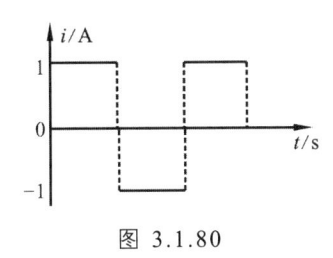

　A. 1 : 4　　　　B. 1 : 2　　　　C. 1 : 1　　　　D. 2 : 1

图 3.1.80

2. 如图 3.1.81（a）所示是某种型号的电热毯的电路图，电热毯接在交变电源上，通过装置 P 使加在电热丝上的电压的波形如图 3.1.81（b）所示。此时接在电热丝两端的交流电压表的读数为（　　）。

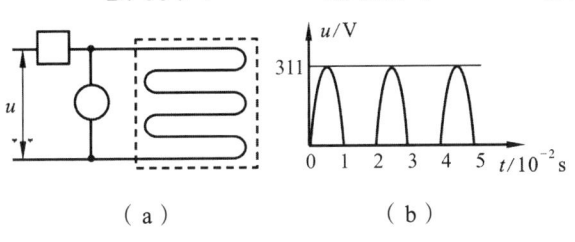

　A. 110 V　　　　B. 156 V　　　　C. 220 V　　　　D. 311 V

图 3.1.81

3. 一电热器接在 10 V 的直流电源上，发热消耗一定的功率。现将它改接在正弦交流电源上，要使它发热消耗的功率等于原来的一半，则交流电压的最大值应为（　　）。

　A. 5 V　　　　B. 7.07 V　　　　C. 10 V　　　　D. 14.14 V

4. 耐压为 250 V 的电容器只能接在电压小于_____V 的交流电路中。测电笔上的氖管，当两端电压达到 86.7 V 时即开始发光，低于该电压则熄灭。把氖管接在电压为 71 V、频率为 50 Hz 的正弦交流电上，每秒闪光次数是_____次。

5. 一个正弦规律变化的交变电流的图像如图 3.1.82 所示,根据图像计算:

(1) 交变电流的频率;

(2) 交变电流的有效值;

(3) 写出该电流的瞬时值表达式;

(4) 在什么时刻该电流的大小与其有效值相等。

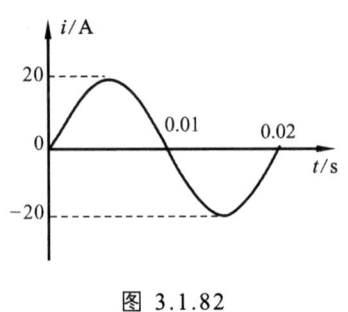

图 3.1.82

3.1.14 课题 14——动量守恒定律

班级:　　　　　姓名:　　　　　学习组:

小组评分:　　　教师捆绑评分:　　课题学分:

【学案使用说明】

1. 每位组员须认真阅读教材,独立完成导学预习案内容。阅读时,如有不理解或难理解的问题,应向小组学科组长汇报,共同探讨解决方法;探究案可通过小组讨论学习,学科组长要确保每个组员都能理解问题的本质。学科组长不清楚的问题要向科任教师请教,并教会本组同学。

2. 在展示过程中,各小组要注意控制时间。如果某小组无法展示,应主动让其他小组进行展示,不能拖延时间,要虚心向他人学习。

3. 点评过程采用捆绑评分的方式,以此督促合作学习的效果。个人展示成绩将代表小组成绩,因此各组员在问题研究中不能掉队,否则小组的合作成绩将为 0 分。

4. 学科小组长完成对组员"预习案""探究案""训练案"的学分量化后，立即把本组课题学分量化表交给学科班长，以便学科班长及时累加组员的每一课题学分。

【学习目标】

1. 掌握运用动量守恒定律的一般步骤。

2. 知道运用动量守恒定律解决问题应注意的问题，并知道运用动量守恒定律解决有关问题的优点。

3. 学会用动量守恒定律分析解决碰撞、爆炸等物体相互作用的问题，培养思维能力。

【学习重点】

运用动量守恒定律的一般步骤。

【学习难点】

动量守恒定律的应用。

【预习案】

1. 系统内力和外力

阅读教材第 12 页回答以下问题：

（1）什么是系统？在力学系统中至少包括几个物体？请列举涉及力学或动力学的几个实例。

（2）在系统中内力与外力是指什么？内力与外力是绝对的吗？

2. 动量守恒定律

阅读教材第 12～13 页，用牛顿第二定律和牛顿第三定律分析碰撞过程并推导出两个物体动量变化的关系式。

3. 动量守恒定律的普适性

阅读教材 15～16 页，回答以下问题：

（1）动力学问题可以用牛顿运动定律解决，为什么还要研究动量守恒定律呢？

（2）动量守恒定律与牛顿运动定律相比有哪些优点？（至少列举两点）

（3）请用牛顿第三定律来说明在碰撞过程中系统的动量一直保持不变。

（4）动量守恒定律的内容是什么？它是怎样得到的呢？

（5）动量守恒的条件是什么，如何区分内力与外力？

（6）如何理解在总动量一定的情况下每个动量都可以发生很大的变化？用实例加以分析说明。

[知识点归纳一]

_____叫系统，_____叫内力，_____和_____叫外力。

[知识归纳二]

（1）内容：_____叫作动量守恒定律。

条件的延伸：

a. 当 $F_内 \gg F_外$ 时，系统动量可视为守恒；（如爆炸问题）

b. 若系统受到的合外力不为零，但在某个方向上的合外力为零，则这个方向的动量守恒。

（2）适用条件：_____。

（3）公式：_____即_____或_____或_____ = 0

（4）注意点：

① 研究对象：几个相互作用的物体组成的系统（如：碰撞）。

② 矢量性：以上表达式是矢量表达式，列式前应先规定_____；

③ 同一性（即所用速度都是相对同一参考系、同一时刻而言的）

④ 条件：_____，或 _____为0。要正确区分内力和外力。

【探究案】

问题1：请用牛顿第二定律和牛顿第三定律分析碰撞过程，并推导出两个物体的动量变化的关系式。（小组合作完成并展示！）

问题2：如何理解在总动量一定的情况下每个动量都可以发生很大的变化？用实例加以分析说明。

问题3：阅读教材14～15页例题1和例题2，分析题意，分析物理情景，规范答题过程，详细过程见教材（总结动量守恒定律解决问题的思路）。

【当堂训练案】

1. 把一支枪水平固定在小车上，小车放在光滑的水平面上，枪发射出一颗子弹时，关于枪、弹、车，下列说法正确的是（　　）。

   A. 枪和弹组成的系统，动量守恒
   B. 枪和车组成的系统，动量守恒
   C. 三者组成的系统，因为枪弹和枪筒之间的摩擦力很小，使系统的动量变化很小，可以忽略不计，故系统动量近似守恒
   D. 三者组成的系统，动量守恒，因为系统只受重力和地面支持力这两个外力作用，这两个外力的合力为零，故系统动量近似守恒

2. 如图3.1.83所示，A、B两物体的质量比$m_A:m_B=3:2$，它们原来静止在平板车C上，A、B间有一根被压缩了的弹簧，A、B与平板车上表面间动摩擦因数相同，地面光滑，当弹簧突然释放后，则有（　　）。

   A. A、B系统动量守恒　　　B. A、B、C系统动量守恒
   C. 小车向左运动　　　　　　D. 小车向右运动

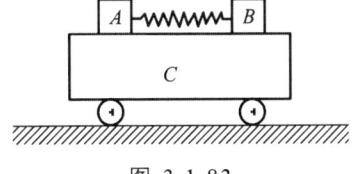

图 3.1.83

3. 一爆竹在空中的水平速度为v，若由于爆炸分裂成两块，质量分别为m_1和m_2，其中质量为m_1的碎块以v_1速度向相反的方向运动，求另一块碎片的速度。

4. 小车质量为200 kg，车上有一质量为50 kg的人。小车以5 m/s

的速度向东匀速行驶，人以 1 m/s 的速度向后跳离车子。求：人离开后车的速度。

5. 质量为 30 kg 的小孩以 8 m/s 的水平速度跳上一辆静止在水平轨道上的平板车，已知平板车的质量为 90 kg，求小孩跳上车后他们共同的速度。

3.1.15　课题 15——光的粒子性

班级：　　　　　　姓名：　　　　　　学习组：
小组评分：　　　教师捆绑评分：　　　课题学分：

【学案使用说明】

1. 每位组员须认真阅读教材，独立完成导学预习案内容。阅读时，如有不理解或难理解的问题，应向小组学科组长汇报，共同探讨解决方法；探究案可通过小组讨论学习，学科组长要确保每个组员都能理解问题的本质。学科组长不清楚的问题要向科任教师请教，并教会本组同学。

2. 在展示过程中，各小组要注意控制时间。如果某小组无法展示，应主动让其他小组进行展示，不能拖延时间，要虚心向他人学习。

3. 点评过程采用捆绑评分的方式，以此督促合作学习的效果。个人展示成绩将代表小组成绩，因此各组员在问题研究中不能掉队，否则小组的合作成绩将为 0 分。

4. 学科小组长完成对组员"预习案""探究案""训练案"的学分量化后，立即把本组课题学分量化表交给学科班长，以便学科班长及时累加组员的每一课题学分。

【学习目标】

1. 通过实验了解光电效应的实验规律。
2. 知道爱因斯坦光电效应方程以及意义。
3. 了解康普顿效应，了解光子的动量。

4. 经历科学探究过程，认识科学探究的意义，尝试应用科学探究的方法研究物理问题、验证物理规律。

5. 领略自然界的奇妙与和谐，发展对科学的好奇心与求知欲，乐于探究自然界的奥秘，能体验探索自然规律的艰辛与喜悦。

【学习重点】

光电效应的实验规律。

【学习难点】

光电效应相关问题的处理。

【预习案】

1. 阅读教材第 30~32 页回答以下问题：

（1）什么叫作光电效应？光电效应中发射出来的电子叫作什么？光电效应的实质是什么现象转化为什么现象？定义中的光子包括可见光吗？

（2）什么叫光电流？实验中发现了哪些规律？什么叫遏止电压？什么叫截止频率？截止频率通常也叫什么频率？

（3）入射光与饱和电流的关系怎样？说明了什么问题？光电子的能量与什么有关？这说明了什么问题？

2. 光电效应解释中的疑难

阅读教材第 32 页回答以下问题：

什么叫逸出功？用光的电磁理论应得到哪些结论？这些结论能完全解释教材中实验的现象吗？对此又要提出哪些新问题？

3. 阅读教材 20 页回答以下问题：

（1）最早认识到能量子意义的是谁？光子说的内容是什么？爱因斯坦光电效应方程是什么？它解决了哪些我们涉及的问题？

（2）认真阅读并分析 34 页例题，理清解题的思路，体会微观世界的奇妙与和谐！

4. 康普顿效应光子的动量

（1）什么叫光的色散现象？什么叫康普顿效应？分析两者的区别与联系并找出发生的原因。

（2）光电效应和康普顿效应都能说明了什么？光电效应表明光具有什么？康普顿效应表明光除了具有动能外还具有什么？

（3）请用相关的物理知识推导出光子的动量表达式，并找出光量子动量的意义。

[知识点归纳一]

1. 在光的照射下物体发射电子的现象，叫作_____，发射出来的电子叫作_____。

说明：（1）光电效应的实质是_____现象转化为_____现象。（2）定义中的光包括可见光和不可见光。

2. 使光电流减小到零时的反向电压 U_0 称为_____。

3. 能使某种金属发生光电效应的最小频率叫作该种金属的_____，又叫_____频率，不同的金属对应着_____的极限频率。

4. 光电效应具有_____性。

[知识点归纳二]

1. 电子从金属中逸出所需做功的最小值，叫作该金属的_____。

2. 不同的金属逸出功_____。

[知识点归纳三]

1. 光子说：在空间传播的光不是连续的，而是一份一份的，每一份叫作一个_____，简称光子。光子的能量 $E=$ _____。

2. 光电效应方程：_____。

3. 光电效应方程中 E_k 为光电子的_____，W_0 为_____。爱因斯坦光电效应方程以及意义_____。

[知识点归纳四]

1. 光子说对康普顿效应的解释

按照爱因斯坦的光子说，一个 X 射线光子不仅具有能量 $E=h\gamma$，而且还有动量。这个光子与静止的电子发生弹性斜碰，光子把部分能量转移给了电子，能量由于 $h\gamma$ 减小，因此频率减小，_____ 增大。同时，光子还使电子获得一定的动量。这样就圆满地解释了康普顿效应。

2. 光电效应和康普顿效应都能说明光子具有_____，光电效应表明光具有_____，康普顿效应表明光除具有动能外还具_____。光子的动量表达式为_____ 。

【探究案】

1. 光电效应规律

（1）任何一种金属都有一个截止频率或极限频率 γ。达到什么条件才能发生光电效应？

（2）光电子的最大初动能与入射光的强度有关吗？是否只随入射光频率的增大而增大？

（3）光电效应的发生是瞬时的吗？一般不超过多少秒？

（4）发生光电效应时，入射光越强，饱和光电流越大，逸出的光电子数越多。逸出电子的数目与入射光的强度成什么关系？

2. 光的能量与频率有关，而不像波动理论中应由振幅决定。按照经典电磁理论，金属能否发生光电效应取决于光的强度，与光的频率无关吗？

【当堂训练案】

1. 光电效应实验的装置如图 3.1.84 所示，用弧光灯照射锌板，验电器指针张开一个角度。则下列说法中正确的是（   ）。

A. 用紫外线光照射锌板，验电器指针会发生偏转

B. 用绿色光照射锌板，验电器指针会发生偏转

C. 锌板带的是负电荷

D. 使验电器指针发生偏转的是正电荷

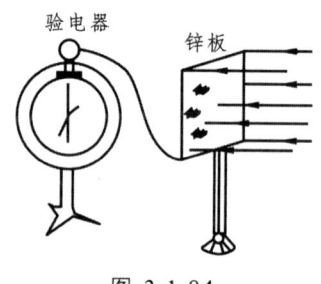

图 3.1.84

2. 已知能使某金属产生光电效应的极限频率为 γ_0，则下列说法正确的是（　　）。

A. 当用频率为 $2\gamma_0$ 的单色光照射该金属时，一定能产生光电子

B. 当用频率为 $2\gamma_0$ 的单色光照射该金属时，所产生的光电子的最大初动能为 $h\gamma_0$。

C. 当照射光的频率 γ 大于 γ_0 时，若 γ 增大，则逸出功增大

D. 当照射光的频率 γ 大于 γ_0 时，若 γ 增大 1 倍，则光电子的最大初动能也增大 1 倍

3. 研究光电效应规律的实验装置如图 3.1.85 所示，以频率为 γ 的光照射光电管阴极 K 时，有光电子产生。由于光电管 K、A 间加的反向电压，光电子从阴极 K 发射后将向阳极 A 做减速运动。光电流 i 由图中电流计 G 测出，反向电压 U 由电压表 V 测出，当电流计的示数恰好为零时，电压表的示数称为反向截止电压 U_0。在下列表示光电效应实验规律的图中，错误的是（　　）。

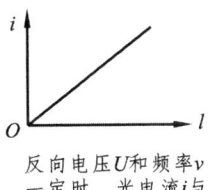

A. 反向电压U和频率v一定时，光电流i与光强I的关系

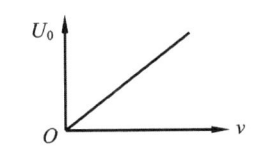

B. 截止电压U_0和频率v的关系

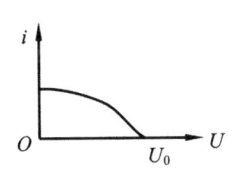

C. 光强I和频率v一定时，光电流i与反向电压U的关系

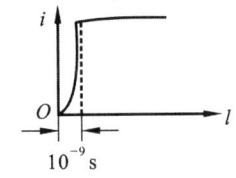

D. 光强I和频率v一定时，光电流i与产生电子的时间t的关系

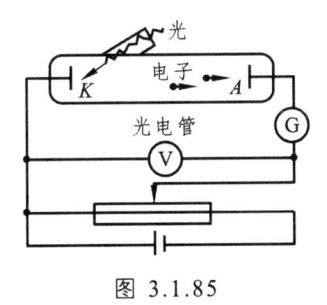

图 3.1.85

3.1.16 课题16——重力、弹力、摩擦力

班级：　　　　姓名：　　　　学习组：

小组评分：　　教师捆绑评分：　　课题学分：

【学案使用说明】

1. 每位组员须认真阅读教材，独立完成导学预习案内容。阅读时，如有不理解或难理解的问题，应向小组学科组长汇报，共同探讨解决方法；探究案可通过小组讨论学习，学科组长要确保每个组员都能理解问题的本质。学科组长不清楚的问题要向科任教师请教，并教会本组同学。

2. 在展示过程中，各小组要注意控制时间。如果某小组无法展示，应主动让其他小组进行展示，不能拖延时间，要虚心向他人学习。

3. 点评过程采用捆绑评分的方式，以此督促合作学习的效果。个人展示成绩将代表小组成绩，因此各组员在问题研究中不能掉队，否则小组的合作成绩将为 0 分。

4. 学科小组长完成对组员"预习案""探究案""训练案"的学分量化后，立即把本组课题学分量化表交给学科班长，以便学科班长及时累加组员的每一课题学分。

【学习目标】

1. 知道重力与万有引力的关系，知道怎样确定物体的重心。
2. 掌握判断弹力和摩擦力有无及方向的方法。
3. 知道弹力和摩擦力之间的关系，知道怎样计算摩擦力的大小。

【自主复习案】

高考必须知道以下知识点：

一、重力

1. 产生：由于_____的吸引而使物体受到的力。
2. 大小：$G=$ _____。
3. 方向：总是_____。
4. 重心：因为物体的_____都要受到重力的作用，可认为重力作用集中于一点，这一点叫作物体的重心。

特别提示：

（1）重力的方向总是与当地的水平面垂直，不同地方水平面不同，其垂直水平面向下的方向也就不同。

（2）重力的方向不一定指向地心。

（3）并不是只有重心处才受到重力的作用。

（4）重力是万有引力的一个分力。

二、弹力

1. 定义：发生弹性形变的物体，由于要_____，对跟它接触的物体产生力的作用。

2．产生的条件：
（1）两物体_____；
（2）发生_____。
3．大小
（1）弹簧类弹力在弹性限度内遵从胡克定律，其公式为_____；k 为弹簧的劲度系数，单位：N/m。
（2）非弹簧类弹力大小应由_____或动力学规律求解。

三、摩擦力
1．定义：两个相互接触的物体，当它们发生_____或具有_____时，在接触面上产生阻碍_____或_____的力。
2．产生条件：接触面_____；接触面间有弹力；物体间有_____或_____。
3．大小：滑动摩擦力 $F=$ _____；静摩擦力：$0 \leqslant F \leqslant F_{\max}$。
4．方向：与相对运动或相对运动趋势方向_____。
5．作用效果：阻碍物体间的_____或_____。

特别提示：
（1）摩擦力阻碍的是物体间的相对运动或相对运动趋势，但不一定阻碍物体的运动。
（2）受静摩擦力作用的物体不一定静止，受滑动摩擦力作用的物体不一定运动。
（3）接触面处有摩擦力时一定有弹力，且弹力与摩擦力方向总垂直，反之不一定成立。

【探究案】
1．弹力有无及方向的判断
特别提示：（1）绳对物体只能产生_____，不能产生推力，且绳子弹力的方向一定沿着绳子并指向绳子收缩的方向，这是由绳子本身特点决定的。

（2）杆既可以产生_____，也可以产生_____，弹力的方向可以沿杆，也可以不沿杆，这是杆和绳两种模型的最大区别。

例题 1　一有固定斜面的小车在水平面上做直线运动，小球通过细绳与车顶相连。小球某时刻正处于如图 3.1.86 所示的状态，设斜面对小球的支持力为 F_N，细绳对小球的拉力为 F_T。关于此时刻小球的受力情况，下列说法正确的是（　　）。

A. 若小车向左运动，F_N 可能为零

B. 若小车向左运动，F_T 可能为零

C. 若小车向右运动，F_N 不可能为零

D. 若小车向右运动，F_T 不可能为零

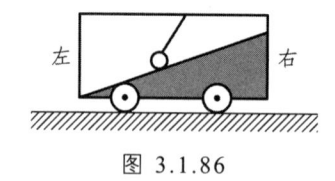

图 3.1.86

2. 静摩擦力有无的判断及方法

（1）假设法：

（2）运动状态法：

（3）反作用法：

例题 2　如图 3.1.87 所示是主动轮 P 通过皮带带动从动轮 Q 的示意图，A 与 B、C 与 D 分别是皮带上与轮缘上相互接触的点，则下列判断正确的是（　　）。

A. B 点相对于 A 点运动趋势方向与 B 点运动方向相反

B. D 点相对于 C 点运动趋势方向与 C 点运动方向相反

C. D 点所受静摩擦力方向与 D 点运动方向相同

D. 主动轮受到的摩擦力是阻力，从动轮受到的摩擦力是动力

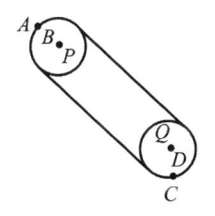

图 3.1.87

3. 静摩擦力大小的计算

根据物体所受外力及所处的状态（平衡或加速）可分为两种情况：

（1）物体处于平衡状态（静止或匀速），利用力的＿＿＿＿＿＿来判断其大小。

（2）物体有加速度时，若只有摩擦力，则 $F=ma$。例如匀速转动的，圆盘上物块靠摩擦力提供向心力，产生向心加速度。若除摩擦力外，物体还受其他力，则 $F_合=ma$，先求合力再求摩擦力，这种与运动状态有关的特点，区别于滑动摩擦力。

例题 3　用轻弹簧竖直悬挂质量为 m 的物体，静止时弹簧的伸长量为 L，现用该弹簧沿斜面方向拉住质量为 $2m$ 的物体，系统静止时弹簧伸长量也为 L，斜面倾角为 $30°$，如图 3.1.88 所示，则物体所受摩擦力（　　）。

　　A．等于零　　　　　　　　　　B．大小为 mg，方向沿斜面向下
　　C．大小为 mg，方向沿斜面向上　D．大小为 mg，方向未知

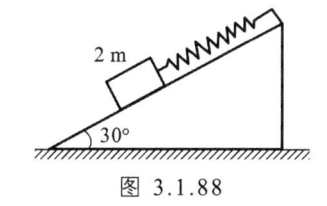

图 3.1.88

【题型集训】

1. 下列关于重心、弹力和摩擦力的说法，正确的是（　　）。

　　A．物体的重心并不一定在物体的几何中心上
　　B．劲度系数越大的弹簧，产生的弹力越大

C. 动摩擦因数与物体之间的压力成反比，与滑动摩擦力成正比
D. 静摩擦力的大小是在零和最大静摩擦力之间发生变化

2. 关于静摩擦力说法正确的是（　　）。
A. 两个相对静止的物体间一定有摩擦力的作用
B. 受静摩擦力作用的物体一定是静止的
C. 静摩擦力一定是阻力
D. 当物体间压力一定时，静摩擦力的大小可以变化，但有一个限度

3. 如图 3.1.89 所示，物体 m 静止于倾角为 θ 的斜面上，现用垂直于斜面的推力 $F=kt$（k 为比例常量、t 为时间）作用在物体上。从 $t=0$ 开始，物体所受摩擦力 F_f 随时间 t 的变化的关系是图中的（　　）。

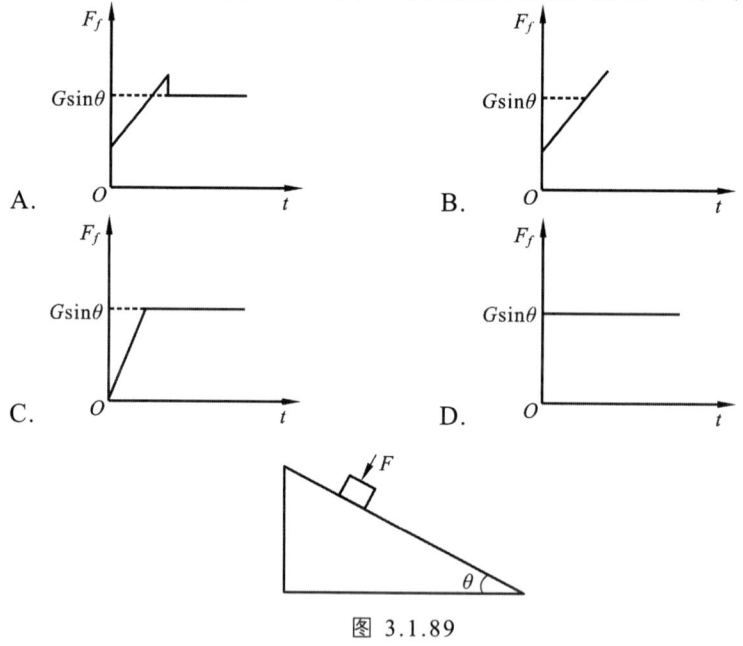

图 3.1.89

4. 如图 3.1.90 所示，小球 B 放在真空容器 A 内，球 B 的直径恰好等于正方体 A 的边长，将它们以初速度 v_0 竖直向上抛出，下列说法中正确的是（　　）。
A. 若不计空气阻力，上升过程中，A 对 B 有向上的支持力
B. 若考虑空气阻力，上升过程中，A 对 B 的压力向下

C. 若考虑空气阻力，下落过程中，B 对 A 的压力向上
D. 若不计空气阻力，下落过程中，B 对 A 没有压力

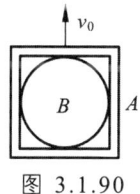

图 3.1.90

5. 如图 3.1.91（a）所示，一物块在粗糙斜面上，在平行斜面向上的外力 F 作用下，斜面和物块始终处于静止状态，当 F 按图 3.1.91（b）所示规律变化时，关于物块与斜面间摩擦力大小变化的说法中正确的是（　　）。

A. 一定增大　　　　　　B. 可能一直减小
C. 可能先减小后增大　　D. 可能一直增大

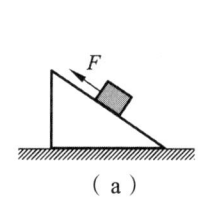

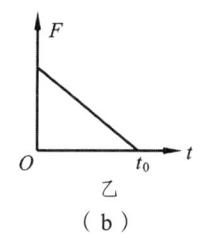

图 3.1.91

6. 如图 3.1.92 所示，两木块的质量分别为 m_1 和 m_2，两轻质弹簧的劲度系数分别为 k_1 和 k_2，上面的木块压在上面的弹簧上（但不拴接），整个系统处于平衡状态。现缓慢地向上提上面的木块，直到它刚离开上面的弹簧，求这个过程中下面木块移动的距离。

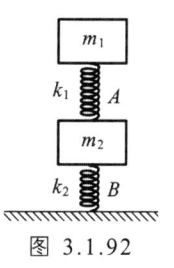

图 3.1.92

3.1.17 课题 17——能量守恒定律、功和能

班级：　　　　　　　姓名：　　　　　　　学习组：
小组评分：　　　　　教师捆绑评分：　　　课题学分：
编写：

【学案使用说明】

1. 每位组员须认真阅读教材，独立完成导学预习案内容。阅读时，如有不理解或难理解的问题，应向小组学科组长汇报，共同探讨解决方法；探究案可通过小组讨论学习，学科组长要确保每个组员都能理解问题的本质。学科组长不清楚的问题要向科任教师请教，并教会本组同学。

2. 在展示过程中，各小组要注意控制时间。如果某小组无法展示，应主动让其他小组进行展示，不能拖延时间，要虚心向他人学习。

3. 点评过程采用捆绑评分的方式，以此督促合作学习的效果。个人展示成绩将代表小组成绩，因此各组员在问题研究中不能掉队，否则小组的合作成绩将为 0 分。

4. 学科小组长完成对组员"预习案""探究案""训练案"的学分量化后，立即把本组课题学分量化表交给学科班长，以便学科班长及时累加组员的每一课题学分。

【学习目标】

1. 了解几种常见的功能关系。
2. 能用功能关系解决常见的力学问题。

【预习案】

一、功能关系

1. 功是＿＿＿＿＿＿的量度，即力做了多少功就有多少能量发生了转化。

2. 做功的过程一定伴随着＿＿＿＿＿＿，而且＿＿＿＿＿＿必通过做功来实现。

二、能量守恒定律

1. 能量既不会凭空产生，也不会凭空消失，它只能从一种形式_____为另一种形式，或者从一个物体_____到别的物体，在转化或转移的过程中，能量的总量_____。

2. 表达式：$\Delta E_{减}$ = _____。

三、几种常见的功与能的关系

1. 合外力对物体所做的功等于物体_____，即 $W_{合} = \Delta E_k = E_{k2} - E_{k1}$，即动能定理。

2. 重力做功等于重力势能的改变，即

$$W_G = -\Delta E_p = E_{p1} - E_{p2}$$

重力做多少_____功，重力势能_____多少；重力做多少_____功，重力势能_____多少。

3. 弹簧弹力做功与弹性势能的改变相对应，即

$$W_F = -\Delta E_p = E_{p1} - E_{p2}$$

4. 除重力或弹簧弹力以外的其他力做多少功，等于_____，即

$$W_{其他} = \Delta E$$

（1）除重力或弹簧弹力以外的其他力做多少_____功，物体的机械能就增加多少。

（2）除重力或弹簧弹力以外的其他力做多少_____功，物体的机械能就减少多少。

（3）除重力或弹簧弹力以外的其他力不做功，物体的_____守恒。

5. 摩擦生热的计算：$Q = F_f \cdot S_{相}$。

【典型例题】

1. 下列说法正确的是（　　）。

A．随着科技的发展，第一类永动机是可以制成的

B．太阳照射到地球上的光能转化成了其他形式的能量，但照射到宇宙空间的能量都消失了

C. "既要马儿跑，又让马儿不吃草"违背了能量转化和守恒定律，因而是不可能的

D. 有种"全自动"手表，不用上发条，也不用任何形式的电源，却能一直走动，说明能量可以凭空产生

2. 如图 3.1.93（a）所示，质量不计的弹簧竖直固定在水平面上，$t=0$ 时刻，将一金属小球从弹簧正上方某一高度处由静止释放，小球落到弹簧上压缩弹簧到最低点，然后又被弹起离开弹簧，上升到一定高度后再下落，如此反复。通过安装在弹簧下端的压力传感器，测出这一过程弹簧弹力 F 随时间 t 变化的图象如图 3.1.93（b）所示，则（   ）。

A. t_1 时刻小球动能最大

B. t_2 时刻小球动能最大

C. $t_2 \sim t_3$ 这段时间内，小球的动能先增加后减少

D. $t_2 \sim t_3$ 这段时间内，小球增加的动能等于弹簧减少的弹性势能

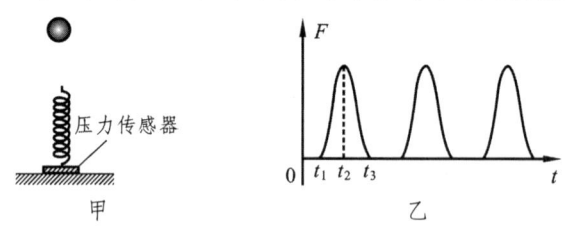

图 3.1.93

3. 电机带动水平传送带以速度 v 匀速转动，一质量为 m 的小木块由静止轻放在传送带上（传送带足够长），若小木块与传送带之间的动摩擦因数为 μ，如图 3.1.94 所示，当小木块与传送带相对静止时，求：

（1）小木块的位移；

（2）传送带转过的路程；

（3）小木块获得的动能；

（4）摩擦过程产生的摩擦热。

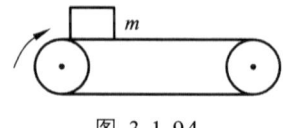

图 3.1.94

4. 如图 3.1.95 所示，光滑水平面 AB 与竖直面内的半圆形导轨在 B 点相切，半圆形导轨的半径为 R。一个质量为 m 的物体将弹簧压缩至 A 点后由静止释放，在弹力作用下物体获得某一向右的速度后脱离弹簧，当它经过 B 点进入导轨的瞬间对轨道的压力为其重力的 8 倍，之后向上运动恰能到达最高点 C。（不计空气阻力）试求：

（1）物体在 A 点时弹簧的弹性势能。

（2）物体从 B 点运动至 C 点过程中产生的内能。

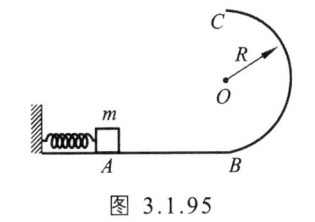

图 3.1.95

5. 物体沿粗糙斜面下滑，则下列说法正确的是（　　）。

A. 机械能减小，内能不变

B. 机械能减小，总能量不守恒

C. 机械能减小，内能减小

D. 机械能减小，内能增大

6. 一根长为 L、质量为 m 的均匀链条放在光滑的水平桌面上，其长度的一半悬于桌边，若要将悬着的部分拉回桌面，至少做功（　　）。

A. $\dfrac{1}{8}mgL$ 　　　B. $\dfrac{1}{4}mgL$ 　　　C. mgL 　　　D. $\dfrac{1}{2}mgL$

7. 质量为 m 的物体在空中由静止下落，由于空气阻力，物体运动的加速度为 $0.9g$，在物体下落 h 高度的过程中，以下说法正确的是（　　）。

A. 重力势能减小了 $0.9mgh$

B. 动能增大了 $0.9mgh$

C. 动能增大了 $0.1mgh$

D. 机械能损失了 $0.1mgh$

8. 质量为 m 的带正电的物体处于竖直向上的匀强电场中,已知带电物体所受电场力的大小为物体所受重力的 $\frac{1}{4}$,现将物体从距地面高 h 处以一定初速度竖直下抛,物体以 $\frac{g}{4}$ 的加速度竖直下落到地面(空气阻力恒定),则在物体的下落过程中(　　)

A. 物体的重力势能减小 $\frac{1}{4}mgh$,电势能减小 $\frac{1}{4}mgh$

B. 由物体与周围空气组成的系统的内能增大了 $\frac{1}{4}mgh$

C. 物体的动能增大 $\frac{1}{4}mgh$

D. 物体的机械能减小 $\frac{1}{4}mgh$

9. 如图 3.1.96 所示,A、B 两球质量相等,A 球用不能伸长的轻绳系于 O 点,B 球用轻弹簧系于 O' 点,O 与 O' 点在同一水平面上,分别将 A、B 球拉到与悬点等高处,使绳和轻弹簧均处于水平,弹簧处于自然状态,将两球分别由静止开始释放,当两球达到各自悬点的正下方时,两球仍处在同一水平面上,则(　　)。

A. 两球到达各自悬点的正下方时,两球动能相等

B. 两球到达各自悬点的正下方时,A 球动能较大

C. 两球到达各自悬点的正下方时,B 球动能较大

D. 两球到达各自悬点的正下方时,A 球受到向上的拉力较大

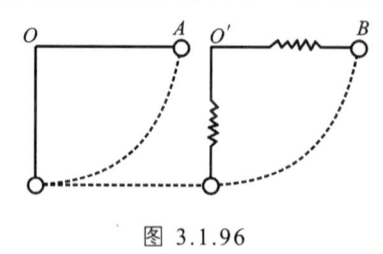

图 3.1.96

10. 从地面上将一小球竖直上抛,经一定时间小球回到抛出点。若小球运动过程中所受的空气阻力大小不变,关于小球上升过程和下降过程有关说法正确的是(　　)。

A. 回到抛出点时的速度大小与抛出时的速度大小相等

B. 上升过程重力和阻力均做负功,下降过程重力做正功,阻力做负功

C. 时间大于下降时间,上升损失的机械能小于下降损失的机械能

D. 上升时间小于下降时间,上升损失的机械能等于下降损失的机械能

11. 一块质量为 m 的木块放在地面上,用一根弹簧连着木块,如图 3.1.97 所示,用恒力 F 拉弹簧,使木块离开地面,如果力 F 的作用点向上移动的距离为 h,则( )。

A. 木块的重力势能增加了 mgh B. 木块的机械能增加了 Fh

C. 拉力所做的功为 Fh D. 木块的动能增加了 Fh

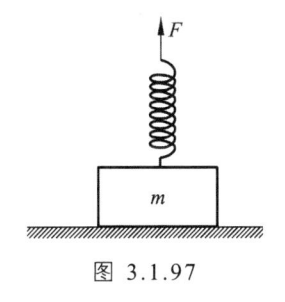

图 3.1.97

12. 如图 3.1.98 所示,一根不可伸长的轻绳两端分别系着小球 A 和物块 B,跨过固定于斜面体顶端的小滑轮 O,倾角为 30° 的斜面体置于水平地面上。A 的质量为 m,B 的质量为 $4m$。开始时,用手托住 A,使 OA 段绳恰处于水平伸直状态(绳中无拉力),OB 绳平行于斜面,此时 B 静止不动。将 A 由静止释放,在其下摆过程中,斜面体始终保持静止,下列判断中正确的是( )。

A. 物块 B 受到的摩擦力先减小后增大

B. 地面对斜面体的摩擦力方向一直向右

C. 小球 A 的机械能守恒

D. 小球 A 的机械能不守恒,A、B 系统的机械能守恒

图 3.1.98

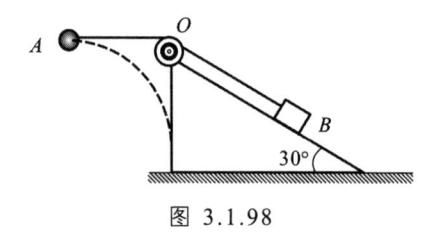

13. 一个质量 $m = 0.20$ kg 的小球系于轻质弹簧的一端，且套在光滑竖立的圆环上的 B 点，弹簧的上端固定于环的最高点 A，环的半径 $R = 0.50$ m，弹簧的原长 $l_0 = 0.50$ m，劲度系数为 4.8 N/m，如图 3.1.99 所示，若小球从图中所示位置 B 点由静止开始滑到最低点 C 时，弹簧的弹性势能 $E_p = 0.60$ J。求小球到 C 点时的速度 v_C 的大小（弹簧处于原长时，弹性势能为零。g 取 10 m/s²）

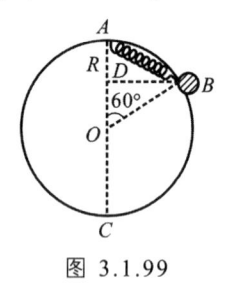

图 3.1.99

14. 如图 3.1.100 所示，某人乘雪橇沿雪坡经 A 点滑至 B 点，接着沿水平路面滑至 C 点停止。人与雪橇的总质量为 70 kg。表中记录了沿坡滑下过程中的有关数据，请根据图表中的数据解决下列问题（$g = 10$ m/s²）：

（1）人与雪橇从 A 到 B 的过程中，损失的机械能为多少？

（2）设人与雪橇在 BC 段所受阻力恒定，求阻力大小。

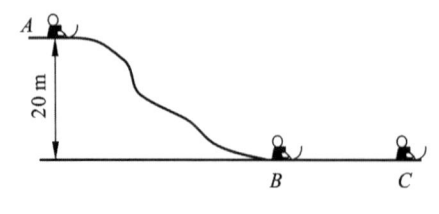

位置	B	C
速度/(m·s⁻¹)	12.0	0
时刻/s	4	10

图 3.1.100

3.2 "143"课堂教学设计——力与运动的关系

【教材】人民教育出版社《普通高中教科书物理（必修1）》第4章第1节。

【授课对象】高一年级学生。

【课时安排】1课时。

3.2.1 教学内容分析

"牛顿第一定律"是《普通高中教科书》物理（必修1）第4章第1节的内容。学生通过对牛顿第一定律的学习，认知物理学对自然规律和现象的表述与诠释，从而增强学习物理的兴趣。让学生在学习过程中，培养物理科学思维方法，了解人类认知运动和力的关系的历程，感受建立物理观念和科学思维的不易。同时通过学习牛顿第一定律，让学生感受到伽利略理想实验的魅力，体会科学推理研究的方法。通过建立物理观念、分析惯性与质量的关系，构建科学思维，培养学生学科核心素养。

3.2.2 学情分析

学生通过初中的学习，已经初步了解牛顿第一定律的内容，还知道伽利略的理想斜面实验，但对牛顿第一定律的认识还不够深入和准确；同时高一学生已经具备一定的科学探究意识、分析推理能力和逻辑思维能力，所以在教学中教师应设置一定的情景，通过实验定量探究达成教学目标，通过直观有趣的实验和生动的课堂讨论调动学生的学习兴趣。

3.2.3 教学目标

（1）让学生在预习过程中多渠道了解牛顿第一定律的发现过程，

领会发现物理规律的过程的曲折，从而培养学生学科核心素养。

（2）知道伽利略是如何认识力与运动的关系，领会伽利略理想斜面实验和科学推理的研究方法，培养学生物理学科推理能力和思维能力。

（3）理解牛顿第一定律的内容，并能理解牛顿第一定律中力和运动关系的内涵。

（4）知道质量是物体惯性大小的量度，并会分析现实中的实例。

3.2.4 教学重难点

1. 教学重点：了解牛顿第一定律的发现过程；理解质量是物体惯性大小的量度。

2. 教学难点：牛顿第一定律的内涵和定律发现过程中的科学思想。

3.2.5 教学方法

实验演示、讲授法、设问答疑法、合作探究法。

3.2.6 教学教具

多媒体电脑、数据/视频投影仪、图片。

3.2.7 教学流程（图 3.2.1）

图 3.2.1 教学流程

3.2.8 教学活动设计（课时建议：1课时）

1. 创设问题，引入课题

展示图片 3.2.2，教师提问：滑冰运动员在冰面上如果不用力滑行，他会慢慢地停下来，这是因为他不受力才停下来吗？

图 3.2.2

展示图片 3.2.3，教师提问：人用力推石头后石头在地面上滑行，人不推石头，石头立刻不动，说明力是维持物体运动的原因吗？

图 3.2.3

师：这两个事例涉及力与运动的关系，现在我们沿着先辈们的足迹重温古人探究力与运动关系的艰辛历程，了解古人探究运动和力的关系以及牛顿第一定律时所采用的方法，进一步理解惯性的基本性质。

设计意图：创设情景引入新课，通过小问题激发学生学习兴趣。

2. 历史回顾，探规寻律

活动 1：情景设问，经验猜想。

在人类发展的历史进程中，运动和力与人们的实际生活紧密联系。如图 3.2.4 中所示马拉车，车会前进，马不再拉车，前进中的马车就会停下来；足球静止在草地上，运动员将足球踢出去后球会慢慢停下来；人用力推物体往前运动，人不再用力推物体，运动的物体马上会停下来。

图 3.2.4

师：运动和力之间有联系吗？

古希腊学者亚里士多德是第一个提出力与运动的关系并对此进行研究的人。他观察到日常生活中的现象：物体有力作用才能运动；物体没有力的作用它就静止不动。他根据生活经验总结得出：物体的运动需要外力维持。他的结论是从实际生活中总结出来的，这种观点在生活中很容易得到验证，容易被人们接受，因此这种观点维持了近两千年。

设计意图：让学生了解古人对力与运动关系的认知，体会探究牛顿运动定律的艰辛历程，培养学生学科核心素养。

师：现在我们已经知道亚里士多德的观点是错误的，那么他对牛顿运动定律的建立有贡献吗？

生：亚里士多德开创了一个全新的研究领域。

活动 2：质疑假设，科学猜想。

师：16 世纪的伽利略是第一个质疑亚里士多德观点的人，并且通过观察小球从斜面往下运动的过程对此进行了深入研究。他发现，小球从斜面往下运动的过程中，小球滚动的速度逐渐变大，而小球沿斜面往上运动时，其速度会逐渐变小。他据此猜想：小球在水平地面上运动的速度应该保持不变。但实际结果是：小球沿水平面滚动的速度越来越慢，最终静止。

师：是什么原因让小球停下来呢？

生：摩擦阻力。

师：在16世纪之前，人们还没有认识这种到无形的摩擦力。伽利略尝试改变水平地面的粗糙程度后发现：水平地面越光滑，小球运动的距离越大。他大胆猜测，小球是因为受到摩擦阻力的作用才停下来的。

师：如果水平地面光滑，那么小球沿水平面将做什么样的运动呢？

生：如果水平面没有阻力，球将一直不停地运动下去。

活动3：实验探究，得出结论。

伽利略为了证明他的猜测，设计了一个斜面实验，将左侧斜面固定，右侧斜面的倾斜角大小可以改变。每次实验时将小球从左侧斜面同一位置由静止释放，改变斜面的粗糙程度，观察小球在右侧斜面上升的最大高度如何变化。

师：①改变右侧斜面的粗糙程度，会影响小球沿右侧斜面上升的最大高度吗？

②假设没有摩擦力的作用，小球在右侧斜面上升的高度与小球在左侧斜面释放的高度有什么关系？

生：小球运动时右侧斜面越光滑，小球在右侧斜面上升得越高；如果没有摩擦力的作用，小球在右侧斜面上升的高度与小球在左侧斜面释放的高度一样高。

师：①逐渐减小右斜面倾斜角，小球沿右侧斜面运动的水平距离如何变化？

②如果没有摩擦力，将右侧斜面放平，从原来的位置静止释放小球，小球在右侧面上的运动情况如何？

③如果右侧平面表面光滑且足够长，小球最终会停下来吗？

生：右侧斜面越光滑，小球在右侧斜面上升得越高；减小右侧斜面倾斜角，球沿斜面滚动的水平距离越远；如果右侧斜面无摩擦力，则小球一直滚到原来的高度；如果放平右斜面，球将一直滚动下去。

师：由于这个实验在现实中无法完成，故该实验用事实加逻辑推理得出，故伽利略的理想斜面实验是一个理想实验。依据理想斜面实验得出：小球在光滑的水平面上时，将沿水平面永远运动下去，即物体的运动不需要外力来维持。

设计意图：学生体会理想实验加推理的科学研究方法，培养学生的科学推理能力和想象能力。

活动4：补充完善，形成定律。

师：笛卡尔认为，如果在运动中的物体没有受到力的作用，它继续以同一速度沿同一直线运动，它既不会停下来，也不会偏离原来的轨道。

师：牛顿是人类历史上最伟大的科学家之一，他在前人的基础之上发现并总结了牛顿第一定律。

师：牛顿第一定律的内容

一切物体总保持匀速直线运动状态或静止状态，除非作用在它上面的力迫使它改变这种状态。

师：牛顿第一定律是如何表述运动和力的关系的？

生：力是产生加速度的原因，即是改变物体运动状态的原因。

师：展示几个生活中阻力较小的实例。

设计意图：通过展示事例，加深学生对牛顿第一定律的理解。

3. 理解惯性定律，了解惯性

活动5：理解惯性。

师：牛顿第一定律中还表述了什么内容呢？

生：惯性的知识。

师：物体保持原来的匀速直线运动状态或静止状态的性质。

（1）对惯性定律的理解。

师：做变速运动的物体有惯性吗？

生：一切物体都具有惯性。

师：物体的惯性大小和什么因素有关？

生：质量是惯性大小的量度。

（2）惯性定律的应用。

师：汽车紧急刹车时为什么不会立即停下来？

生：当汽车做变速运动时，总有保持原来的运动状态的惯性，所以物体速度的改变需要一段时间。

师：为什么汽车刹车时车上乘客的身体都会往前倾斜？

生：乘客总有保持原来往前的运动状态的惯性。

设计意图：通过牛顿第一定律在生活中的应用，培养学生将物理知识应用于生活的责任感和使命感，提升学生分析和解决实际问题的能力。

师：观看图片，在生活中我们经常发现这样的现象，在路上奔跑的人被绊倒时总是向前倾倒，而慢走的人在滑倒时多是向后倾倒，如图 3.2.5 所示。试分析其原因。

图 3.2.5

生：人总有保持原来的运动状态的惯性，故在路上奔跑的人被绊倒时总是向前倾倒，而慢走的人在滑倒时多是向后倾倒。

4. 课堂总结

这节课主要学习了运动和力的关系的探究过程，要体会伽利略理想斜面实验科学方法，要理解牛顿第一定律，知道质量是惯性大小的量度。

5. 板书设计

关于牛顿第一定律：

（1）亚里士多德：物体的运动需要外力维持。

（2）伽利略：力使物体产生加速度，即力是改变物体运动状态的原因。

（3）笛卡尔：运动中的物体如果没有受到外力的作用，它将继续以同一速度沿同一直线运动，它既不会停下来，也不会偏离原来的轨道。

（4）牛顿：牛顿第一定律。

（5）惯性与质量。

3.2.9 课后作业

1. 在路上奔跑的人被绊倒时是向前趴着倒下的，而慢走的人滑倒时则大多数是后仰着摔倒的，试论述其原因。

2. 交通法规定：在车辆前排乘坐的人必须系好安全带。请从物理学的角度对此规定加以说明。

3. 火车在轨道上匀速行驶，坐在门窗密闭的车厢内的一人将手中的苹果相对车竖直上抛，苹果最后还落在手中，试论述其原因。

3.2.10 教学反思

（1）多媒体设备，激发学生学习的兴趣。

利用生活中易得的现象来进行实验探究，让学生体会到物理现象、规律来源于生活，这样就会激发学生尝试用生活中易得的材料进行实验探究。

（2）问题-证据-解释-交流。

通过阅读课本知道惯性只与质量有关，然后分组设计探究实验得出结论。通过层层递进，强化证据意识，培养学生严谨的科学精神，从而提升学生学科素养。

（3）不足与应对。

由于课堂时间有限无法展开课题练习巩固新知识，所以在导学案中设置了一些课后习题，帮助学生巩固所学知识。

3.2.11 参考文献

[1] 人民教育出版社课程教材研究所物理课程教材研究开发中心. 普通高中教科书教师教学用书物理必修第 1 册北京人民教育出版社

[2] 中学物理教学参考 2022 年 3 月第 3 期

3.3 "143"课堂教学设计——自由落体运动

【教材】人民教育出版社《普通高中教科书物理（必修 1）》第 2 章第 4 节。

【授课对象】高一年级学生。

【课时安排】1 课时。

3.3.1 教材分析

"自由落体运动"是人教版《普通高中教科书物理（必修 1）》第 2 章第 4 节的内容，也是本章的基础知识之一。前面学习了运动的描述和匀变速直线运动，本节讨论的是有关自由落体运动的问题，而研究自由落体运动离不开匀变速直线运动的规律。

3.3.2 学情分析

学生已经掌握了匀变速运动的规律和处理方法，可以说理论知识上已经没有什么障碍。通过以前测量小车运动速度等实验锻炼，学生已具备一定的实验操作技能，对物理学的研究方法有一定的了解。教师要充分发挥学生的主体作用，引导学生积极参与，激发学习兴趣，活跃课堂气氛，调动学生的学习积极性，使学生始终保持积极探索的学习心态。

3.3.3 教学设计思路

本节课从生活中常见的下落现象引入新课，提出两位科学家——亚里士多德和伽利略对落体运动的研究，让两位学生分别代表亚里士多德和伽利略进行穿越时空的对话并通过小实验分别对自己的观点进行论证，通过逻辑推理得出物体下落与质量无关；然后再通过模拟比萨斜塔实验和牛顿管实验，得出物体下落与空气阻力有关，得出自由落体运动的概念。自由落体运动是加速运动，让学生分组讨论测量加速度的方法并用不同的方案测量自由落体的加速度，让学生通过观察和分析教材上重力加速度表中提供的一些地点的数据发现规律——自由落体加速度 g 随维度的增加而增大。让学生类比前面学过的匀变速直线运动的运动学规律，总结出自由落体运动的基本规律并能解决实际问题。

3.3.4 教学目标

1. 建立物理观念

通过模型建构和实验探究研究自由落体运动，建立学生的物理观念。

2. 培养科学思维

通过建构自由落体运动的理想模型，知道将落体运动抽象为自由落体运动的条件，并能将实际情境中的落体运动理想化；体会建构物理模型的思维方式，认识物理模型在探索自然规律中的作用。

3. 培养科学探究能力

通过设计实验，探究自由落体的运动性质（匀加速直线运动），测定自由落体加速度的大小，培养学生的科学探究能力。

4. 培养科学精神与社会责任

播放美国宇航员在月球做落体实验的视频，引导学生关注中国航天，激发学生的爱国热情。通过制作反应尺，让学生体验利用所学知识解决生活中的实际问题。

3.3.5 重点难点

1. 教学重点

（1）理解自由落体运动的条件、性质、规律及重力加速度；
（2）掌握自由落体运动的规律，并能运用其解决实际问题。

2. 教学难点

通过实验探究自由落体运动的规律。

3.3.6 教学方法

1. 实验演示法

本节教学注重通过实验创设问题情境，如一些生活中简单的高空坠物等实验现象，紧密联系生活，激发学生的学习兴趣。

2. 启发式讲授法

教学过程中适时穿插教师形象生动、富有启发的讲解，以点拨、启发学生。在讲授知识的过程中渗透探究的思想，通过逻辑推理得出"重的物体下落得快、轻的物体下落得慢"的观点是错误的。

3. 探究教学法

探究教学法有利于学生主动获取知识，发挥学生的主体作用，增强学生的学习积极性，培养学生的科学探究能力和实事求是的科学态度。师生通过合作探究，得出自由落体下落的快慢与哪些因素有关、与哪些因素无关。

3.3.7 教学过程

【导入】利用多媒体播放动画，引入新课

观看生活中物体下落的动画以及相关图片，了解物体下落的规律；今天这节课，我们将学习物体下落的规律，以此引入今天的课题——自由落体运动。

【活动一】探究物体下落的影响因素

1. 提出问题

物体下落快慢与哪些因素有关？

2. 实验合作探究一

[实验1]一张纸片和一个硬币同时从同一高度由静止开始下落，硬币先着地。

结论：重的物体下落快。（这最早是亚里士多德的观点）

[实验2]取半张纸与一张纸，半张的揉成一团，两者同时从同一高度由静止开始下落，结果半张纸的纸团先着地。

结论：重的物体下落慢。（与亚里士多德的观点发生矛盾）

[实验3]一张纸片和由一张同样的纸片拧成的纸团，将二者同时从同一高度由静止开始下落，纸团先着地。

结论：轻重相同的物体下落不一样快。

点拨：[实验2]和[实验3]的结论与[实验1]的结论互相矛盾，从而证明亚里士多德的观点是错误的。

总结：物体下落快慢不是由它的重量决定的。

教师引导：那么物体下落的快慢究竟跟什么因素有关呢？通过上面的实验，学生总结得出物体下落的快慢与空气阻力有关。

进一步提问：如果没有空气阻力又会是怎样的呢？

[视频实验4]牛顿管实验和阿波罗15号登月实验

牛顿管：(1)在有大量空气的空间里，演示金属片与羽毛的下落。

（2）在没有空气的空间里，演示金属片与羽毛的下落。

阿波罗 15 号登月实验：在没有空气（真空）的情况下，重锤和羽毛下落得一样快。

比较得出：常见的轻、重物体下落快慢不同是空气阻力所致。

结论：（1）影响物体下落快慢的因素是空气阻力。

（2）在没有空气阻力的情况下，任何轻重不同的物体下落的快慢都是一样的。

【讲授】自由落体运动

1. 概　念

物体只在重力作用下，由静止开始的下落运动，叫做自由落体运动。

2. 自由落体运动特点

（1）轨迹是竖直直线；

（2）只受重力作用，即不受其他力作用或者其他力可以忽略不计；

（3）$v_0 = 0$，即初速度为零。

点拨：自由落体运动只能在没有空气的空间里发生。不过，在有空气的空间里，如果空气阻力的影响很小，物体的下落也可以近似看作自由落体运动。

实际物体的下落运动是要受空气阻力影响的，但如果空气阻力的影响是次要因素，则可以忽略次要因素、抓住主要因素，即可以忽略空气阻力的影响，认为物体只受重力作用，由静止开始下落，这样物体的下落就可以近似看作自由落体运动。这种忽略次要因素、抓住主要因素的处理方法是物理学上常用的处理方法，称之为理想化方法。

接下来，我们继续研究自由落体运动。

【活动二】探究自由落体运动的性质

1. 提出问题

自由落体运动是什么性质的运动？

2. 科学猜想

自由落体运动是匀速运动？匀变速运动？还是非匀变速？

3. 方案设计

提问：在实验室里我们有哪些可行方案呢？

答：用打点计时器测量物体运动的速度，看速度是否随时间均匀变化；或用频闪照片测量物体运动的速度，看速度是否随时间均匀变化。

点拨：今天我们利用频闪照片的办法来进行研究，大家可以参考《探究小车速度随时间变化的规律》的实验方法，通过 v-t 图来验证是否为匀加速直线运动。

4. 观察视频实验和整理数据

学生根据整理的数据，利用匀变速运动的推论（中间时刻的瞬时速度等于这段时间的平均速度）计算各点的瞬时速度，并作出 v-t 图。老师及时指导学生对数据进行处理。

5. 分析论证与合作交流

学生分析数据，得出结论，每个小组内交流、补充。老师给出正确的评价。

总结：自由落体运动是初速度为 0 的匀加速直线运动，因为只受重力作用，所以它的加速度称之为自由落体加速度或重力加速度。

提问：请同学们根据 v-t 图上的数据算一算，加速度是多少？

学生回答：加速度数值 9.8 m/s^2。

【讲授】自由落体加速度

（1）定义：在同一地点，一切物体在自由落体运动中的加速度都相同，这个加速度叫做自由落体加速度，也叫重力加速度，常用 g 表示。

（2）方向：竖直向下。

（3）大小：$g = 9.8 \text{ m/s}^2$，粗略的计算中，取 $g = 10 \text{ m/s}^2$。

【自主合作】自由落体运动的规律

教师引导学生回忆：自由落体运动是初速度为零的匀加速直线运动，因此匀加速直线运动的规律，自由落体运动也适用，大家还记得匀加速直线运动的规律吗？

速度规律 $\quad\quad\quad v_t = v_0 + at$

位移规律 $\quad\quad\quad X = v_0 t + \dfrac{1}{2}at^2$

速度位移规律 $\quad v_t^2 - v_0^2 = 2aX$

自由落体运动是初速度为零、加速度为 g 的匀加速直线运动。因此：

速度规律 $\quad\quad\quad v_t = gt$

位移规律 $\quad\quad\quad h = \dfrac{1}{2}gt^2$

位移规律 $\quad\quad\quad v_t^2 = 2gh$

【训练】自由落体运动的应用

1. 当堂检测

通过练习进一步加深对自由落体规律的理解。

2. 微 考

通过 3~4 个微考题，检查学生对知识的掌握程度。

【讲授】课堂小结

（1）自由落体运动的概念及其规律；

（2）自由落体加速度；

（3）自由落体规律的应用。

【作业布置】

课本 P45 第 2 题、第 4 题。

【板书设计】

第 4 节 自由落体运动

一、自由落体运动

（1）概念：物体只在重力作用下，由静止开始的下落运动，叫做自由落体运动。

（2）自由落体运动特点：

① 轨迹是竖直直线；

② 只受重力作用，即不受其他力作用或者其他力的作用可以忽略不计；

③ $v_0 = 0$，即初速度为零。

二、自由落体加速度

（1）定义：在同一地点，一切物体在自由落体运动中的加速度都相同，这个加速度叫做自由落体加速度，也叫重力加速度，常用 g 表示。

（2）方向：竖直向下。

（3）大小：$g = 9.8 \text{ m/s}^2$，粗略的计算中，取 $g = 10 \text{ m/s}^2$。

三、自由落体运动的规律（$v_0 = 0$，$a = g$）

速度规律　　　　　　$v_t = gt$

位移规律　　　　　　$h = \dfrac{1}{2}gt^2$

位移规律　　　　　　$v_t^2 = 2gh$

3.3.8　教学反思

本节课的教学设计充分体现了新课程改革的特点，创设物理情境，以学生为主体，让学生主动参与学习过程，充分调动学生的学习兴趣和积极性。整个课堂教学中，改变了重知识传授、轻学习过程的传统教学方法，利用物理情境与实验探究相结合，让学生人人参与、主动探究，真正在课堂上动起来。当然在这节课中也发现了一些问题：如有个别学生动手能力差，看别人操作后才动手做实验；少数同学受日常生活影响较深，不容易改变"物体越重下落越快"这个错误观念。

通过学生探究实验和教师的演示实验,激发学生的学习兴趣,强调学生是学习的主人,培养学生探究性学习的意识。教学时,教师以匀变速直线运动的公式和规律作为基础,要求学生推导自由落体运动的公式,以培养学生自主学习的能力。

3.4 "143"课堂教学相关论文

3.4.1 构建新型高中物理课堂教学模式,培养学生学科核心素养

构建新型高中物理课堂教学模式,培养学生学科核心素养

朱 启

摘要:在新课程改革背景下,学生核心素养的培养备受重视,而课堂教学则成为实现这一目标的关键场所。为了激发学生参与课堂教学的积极性,新型高中物理课堂教学模式应运而生。该模式以学生参与课堂教学的"预习、上课、检测"等环节为基础,体现了"教师主导教学,学生主宰课堂,先学后教,当堂训练"的教学思想,是实现高效课堂增分的有效手段。因此,构建新型高中物理课堂教学是打造高效课堂的必经之路,教师应以学生的疑难问题为突破口,积极构建新型课堂教学模式,培养学生的学科核心素养。

关键词:核心素养;高中物理;新型课堂教学

新课程改革前,在应试教育的影响下,多数高中物理教师采用填鸭式教学,这使得学生对物理课堂的参与度不高,学习过程缺乏热情,不利于培养学生的物理学科核心素养。在新教育理念的推动下,高中物理教师需要改变传统教学模式,在课堂上突出学生的主体地位,鼓励学生自主学习和探究。通过"143"高效课堂教学模式,即课前预习、教师精讲、学生合作学习、当堂训练、学生展示、堂堂清、周周清、月月清,实现对学生高中物理核心素养的培养和提升,帮助学生在课堂上展现最好的自己。

一、充分利用现代化教学手段，构建新型课堂，培养学生思维能力

学生在高中物理课堂学习过程中，对基本概念和规律的理解至关重要。教师讲解物理概念和规律时，可以借助多媒体技术进行展示，让学生产生直观的视觉感受，这对培养学生的物理学科素养大有益处。比如，学习时间和时刻的概念时，教师可以制作微课，展示两者差异，引导学生分析。学生通过观看视频和分组讨论的方式，能更深刻地理解物理概念。此外，教师还可以采用构建思维导图和头脑风暴的模式开展课堂教学。思维导图能够清晰地展现教材中各知识点之间的关系，学生构建思维导图的过程，就是其学习和理清知识的过程，这种教学手段对培养学生的自主学习能力帮助极大。又如，学习固体相关知识时，教师可以将晶体、非晶体、单晶体、多晶体等词语写在黑板上，让学生分组讨论后共同设计出晶体、非晶体的思维导图，从而使学生在绘制过程中理解并掌握物理概念。因此，教师在教授高中物理学科概念和规律时，可以充分利用现代化教学手段，构建新型课堂，培养学生思维能力。

二、以学生为主体，优化课堂教学模式

构建学生为主，教师为辅的新型高效课堂

培养高中学生的物理学科核心素养，需要教师在教学过程中注重培养学生发现问题、自主学习、合作探究、动手实践和创新等能力。教师应充分发挥学生的主体地位，提高他们参与课堂活动的积极性。在新教育理念指导下，教师应积极构建新型课堂教学模式，帮助学生掌握新的学习方法，充分激发学生自主学习、创新和合作探究的潜能。教师要彻底摒弃"填鸭式"教学，在教学过程中鼓励学生积极参与课堂活动。教师在进行物理课堂教学时，不仅要简单地将课堂还给学生，更要注重培养学生独立思考和合作探究的能力。这就需要彻底转变高中物理课堂教学模式，以新型教学模式为引导，加强对学生的指导，让学生成为课堂教学活动的主体，从解放学生的思维到解放教师的双

手，真正将课堂还给学生，从而提高学生解决实际问题的能力，实现提升学生学科核心素养的目标。

例如，"法拉第电磁感应定律"这一课的教学重点和难点在于，使学生深入理解法拉第电磁感应定律、磁通量的变化、磁通量变化率以及它们的实际应用。教师在课堂教学时，可以提出一些有探究价值的问题，如"探究影响感应电动势大小的因素时，让学生观察条形磁铁插入/拔出螺线管时灵敏电流计指针的偏转情况"。要求学生用所学知识，解释指针偏转原因和影响指针偏转幅度大小的因素；指针偏转幅度与感应电动势大小的关系；磁铁插入线圈快慢的效果有何异同。教师对相关思考问题提出合理的引导，激发学生学习物理知识的兴趣，实现从有效课堂到高效课堂的转变。

三、注重物理演示实验教学，提升学生实验动手能力

开展探究型课堂教学模式，提高学生动手能力

物理学科是以实验为基础的学科，教学过程中应注重培养学生的观察、分析问题和动手能力。演示实验教学直观易懂，能帮助学生通过观察实验现象，加深对物理概念和规律的理解与记忆。此外，教师还可利用分组实验的可操作性，在课堂教学中培养学生的实验动手能力，让学生通过课堂分组实验掌握物理概念和规律，实现对学生学科核心素养的培育。高中物理知识具有科学性、思维性和逻辑性，且与实际生产生活密切相关。因此，在高中物理课堂教学中，教师应引导学生积极参与物理实验教学过程，提升学生的动手能力。例如，在"平抛运动"教学中，为了加深学生对平抛运动的理解，教师引入演示实验；为确保课堂演示实验顺利进行，教师需提前准备纸带、铁架台、重物和电火花打点计时器等实验器材，课堂上教师演示实验操作，学生认真观察，这样能加深学生对物理概念和规律的理解，提高物理课堂教学效率。又如，在教授"验证机械能守恒定律"一课时，教师先将学生分组，再安排学生到物理实验室进行实验。实验前，教师分发实验报告单，并要求学生预习，明确实验目的、要求、步骤和方法，使学生能独立完成实验。在分组实验过程中，每位学生都要积极参与，

并明确分工。实验时，学生要认真观察实验现象，找出规律，记录数据，完成实验报告单的相关内容，并按步骤处理数据，得出实验结论。学生亲自参与实验，能更深刻地理解物理规律和概念。高中生通过观察物理实验现象，对理解实验原理至关重要。教师演示高中物理教材中的实验过程，能提高学生对物理现象的认知、动手实验和实验操作能力，使学生在探究活动中形成严谨的科学态度，提升综合素养。学生在分组实验中充分发挥自主探究和合作学习的能力，有利于提高物理课堂的学习效率，对培养学生的核心素养具有重要意义。

四、理论联系生活实际，培养学生科学态度

（一）理论联系实际，构建新型物理课堂

新课程教学改革倡导物理课堂学习理论与实际生活紧密结合，树立"从生活走向物理，从物理走向社会"的新教学理念。该理念明确了物理课堂教学内容应与生活实际密切相关，让学生在课堂上感受到生活中处处存在物理问题，并学会运用物理知识解决实际问题，用科学的眼光看待生活。在这一观念的引导下，高中物理课堂学习变得更加生活化，学生在这个过程中体会到生活中时时刻刻都可能遇到物理问题，从而找到用物理知识解决生活问题的方法和技巧。实践表明，课堂教学内容的情境越贴近现实生活，学生就越容易接受。教师应挖掘与生活相关的物理情境作为课堂教学内容，将教材中的物理知识转化为现实生活中的物理问题，激发学生学习物理的潜能和兴趣，引导并帮助学生构建物理模型。

（二）理论联系实际，构建合作型课堂

高中阶段是学生学习物理知识的关键时期，教师务必重视对学生学科核心素养的培养，着力提升学生的观察能力、分析问题和解决问题等综合能力。倘若学生在学习过程中综合能力未能得到提高，其核心素养的发展将受到严重限制。为此，教师在课堂教学过程中，应积极推行自主探究与小组合作的新型教学模式，让学生分小组讨论相关的物理问题，使学生在讨论中产生思维碰撞，这对培养学生的综合能力意义重大。

例如，在教授"自由落体运动"一课时，受生活经验影响，学生普遍认为重的物体下落快，轻的物体下落慢；教师将一张纸揉成团，然后让纸团和质量较大的小球从等高处自由下落，学生通过观察发现两物体几乎同时落地。接着，教师让学生分组讨论影响物体下落快慢的因素，并鼓励学生大胆猜想、小心求证，最终得出影响物体下落时间的因素。教师通过理论与实践相结合的方式开展课堂教学，进而真正构建起合作探究的高效课堂。

综上所述，在课堂教学中活动中，教师应始终把培育学生的物理思维和科学探究能力放在首位。教师必须精心优化课堂教学的各个环节，最大程度地保证课堂教学效率，满足新时期物理学科课堂教学的要求，推动学生的全面发展，进而全面提升学生的学科核心素养。

参考文献

[1]蒋华．基于高中物理实验教学的学科核心素养培育探讨[J]．物理教学探讨，2017，35（4）：4-8．

[2]龙莎莎．构建高中物理高效课堂的研究与实施[D]．岳阳：湖南理工学院，2018．

[3]王清粘．用核心素养构建初中物理高效课堂[J]．中学生数理化（教与学），2020，（4）：19．

[4]宋玉忠．基于核心素养的高中数学高效课堂构建[J]．科技风，2020，（07）：68．

3.4.2 新课改背景下"143"课堂教学模式的实施策略

新课改背景下"143"课堂教学模式的实施策略
胡道群

在课改实施之前，我校的课堂教学主要采用填鸭式模式。在这种传统教学模式下，教师完全掌控课堂，学生只能被动接受知识，导致课堂教学效率低下。为了扭转这种课堂效率不高的情况，构建高效的课堂教学模式，我校经过长期的教学实践探索，总结出了"143"课堂教学模式。为了顺利实施"143"课堂教学，让学生主动参与学习，教师必须转变教学观念，改进教学方法，实现以教师"教"为主到以学生"学"为主的转变。只有学生积极主动地参与课堂教学环节，师生才能共同打造高效课堂。

一、"143"课堂教学模式

"143"课堂教学模式是一种以学生为主体、教师为主导的新型课堂教学模式。教师从学生实际情况出发，积极转变教学观念，发挥导师作用，引导学生在课前、课中、课后积极主动学习。"143"课堂教学模式具体为："1"指课前先学先行；"4"指课堂教学中的学、展、讲、练四个环节；"3"指课后的"三清"，即日日清、周周清、月月清。

1. 课前先学先行

学生根据教师课前发放的导学案要求，预习教材内容。依据预习案中的问题，找到教材中的重点知识并初步学习，对疑难知识点进行标注，留待老师在课堂上讲解消化。预习完毕后，完成预习案中的练习题以及课后2~3道习题，同时列出困难和疑惑的提纲，以便在课堂上请教同学和老师。

2. 课堂四环节

学：该环节包括小组合作讨论协作学习、教师指导以及知识总结。小组合作讨论并非流于表面的讨论，而是需要每个学习小组在学科长的带领下，对知识进行深入探究。小组合作学习时，全组组员必须积极主动参与，通过"兵教兵"的方法，确保每个学生都不掉队。为避免学生出现两极分化，教师应精讲重难点知识和疑难问题，以提高课堂效率。

展：学生的激情展演，是师生互动对知识进行拓展、深化和活化的过程。老师指定《导学案》中具有探究性或代表性的问题，由学习小组代表口头阐述或上讲台（带上答题小黑板）讲解。

讲：教师针对多数同学不理解的疑难问题进行讲解，讲解过程中：一是梳理知识的来龙去脉；二是强化、深化重点知识；三是阐明学科思想、方法以及本节知识在高考中的地位；四是讲清学生出错的原因。

在整节课的教学过程中，教师要关注每组学生的探究过程、讨论环节和当堂训练的结果，对每个小组的成果展示发言进行点评总结，收集当堂训练的答题情况并给出反馈。对于出错率高但难度不大的问题，让学生讨论解决，适时引导学生完成中等难度的题目。及时发现学生的闪光点并予以表扬，让学生感受到学习成功的喜悦，增强学习自信心。

练：学生当堂进行训练，通过完成具有针对性、典型性、梯度性和深度性的训练题，实现对重点知识、重要知识的当堂理解与记忆；通过解答典型例题，巩固和应用本节知识；同时，通过针对性训练达到举一反三的效果。

3. 课后"三清"

课后"三清"是指课后巩固提升，即做到日日清、周周清、月月清。

二、"143"课堂教学模式的两大优势

（1）学生的学习态度发生了根本转变，从被动学习转变为主动学习。学生在小组讨论和课堂展示环节中积极主动发言，在轻松活跃的氛围中，思维能力得到提升，激发了学生的学习兴趣。新课改的实施使学生思维更加开阔，语言表达能力提高，学生在教师引导下愉快、主动地参与课堂教学，真正成为课堂的主人。学生在课堂教学中逐渐养成善于思考问题的习惯，回答问题时敢于发表自己的意见，对教师提出的问题有独到的见解，这些都是新课改前的学生难以达到的。同时，学生在参与小组合作学习的过程中，团队意识不断增强。

（2）为了在"三新"课程改革中不掉队，教师们有意识地学习新的教育教学理念，自身的教育理论水平显著提升。他们在课堂教学中更加理性地思考，能够合理取舍教材内容，真正做到因材施教，不再是简单地使用教科书教学生。新课程改革促进了教师的专业成长，为教师实施个性化课堂教学提供了发展平台，提升了教师的能力素质。总之，新改革实施后，教师的教学理念发生了巨大变化，在课堂上营造轻松、愉悦的氛围开展教学，成为学生学习的引导者。

三、实施"143"课堂教学改革的思考

课堂教学改革以学生为主体，旨在关注学生的全面发展。然而，在教学过程中，个别学生可能在知识储备、分析问题和解决问题等方面有所欠缺，学习目标不明确，学习主动性较弱。这些学生对老师的依赖性较强，这就需要优等生在课堂上对他们进行帮助，教师也要时刻关注这些学生的参与情况，提高课堂掌控能力，从而掌控全局。

此外，在"143"课堂教学的实施过程中，教师要充分信任学生，敢于放手，将更多的课堂时间交给学生。课前要有效地组织学生，精心设计好课堂讨论的各个环节，合理把控讨论时间。设计的探究问题难度要适中，既不能过于简单导致失去探究意义，也不能太难使学生丧失信心。因此，教师设计的探究问题和检测题要环环相扣、层层深入、覆盖面广，让学生在学习过程中获得动力。只有在课堂上最大程度地激发学生的学习兴趣，才能提升学生的自主学习能力和团队协作能力，进而创建高效优质的课堂。

总之，新课改背景如同"143"课堂教学的肥沃土壤，而"143"课堂教学则是孕育高效课堂的摇篮。教师只有在日常教学中，深入领会新课改的深层内涵，不断创新教学方式方法，持续优化教学效果，始终以学生发展为中心，才能打造出真正的高效课堂。

3.4.3 浅谈"143"教学模式在高中课堂教学中的尝试

浅谈"143"教学模式在高中课堂教学中的尝试

胡道群

在全国新课改的大背景下，我校结合实际情况，经过校领导班子和各学科教师的共同努力，制定出了一套课改方案——"143"教学模式。接下来，我想谈谈在中小学历史课改方面的一些尝试。

"143"教学模式具体指："1"是指课前的先学先行，要求教师在每节课前编写好预习案；"4"是指课堂上的学、展、讲、练四个环节；"3"是指课后"三清"，即日日清、周周清、月月清。这是新课改的基本内容，其宗旨是实现以教师"教"为主到以学生"学"为主的转变。

一、导学案的编写

欲给学生一碗水，教师须有一桶水。所以，教师要在课前做好充足的备课准备。要保证"143"课堂教学顺利开展，教师就必须编写高质量的导学案。然而，编写导学案需要耗费大量的时间和精力，仅靠个人力量要想完成优质导学案的编写，难度是相当大的。因此，建议各科教师分工协作，这时备课组的作用就凸显出来了。备课组长要提前协调好工作并做好分工安排，这样大家才不会手忙脚乱、疲惫不堪。下面是编写导学案需要注意的几点事项：

（1）预习案的编写要及时。（必须在每一课前发给同学们）

（2）学习目标要明确。

（3）基本脉络要清晰，要囊括基本的知识点，并有一定知识升华。

（4）编写基础的习题（包含高考题型的主观和客观题，题数要适中选择题一般5~6个，主观题1~2个为佳）。另外，导学案中编写的题目，不一定是我们第二天课堂上要讲的题目。

二、教学实施过程

我国著名教育家陶行知曾说过："教师之为教，不在全盘授予，而在相机诱导。好的先生不是教书，不是教学生，乃是教学生学。好学生是学出来的，不是教出来的。"这告诉我们，在教学中，需要转变教育理念，突破传统的"满堂灌"模式，真正实现以学生为主体、教师为主导。积极引导学生学习，努力成为学生的引路人。而我们的"143"教学模式恰好与此理念相符。大家都清楚，课堂是学生学习的地方，只有提高课堂教学效率，教学质量才可能提升。教学质量提高了，学校才能在激烈的竞争中处于不败之地。

（一）做好课堂PPT

可能有些老师会存在疑问，已经给学生印发了导学案，学校也订购了教辅资料，为什么还要多此一举制作PPT呢？这是因为，一份优秀的PPT教学设计，不仅可以在学习内容上添加一些新颖的视频和图片，让教学内容更加生动形象、易于被学生接受，还能让教师在课堂上实现大容量高效化教学。所以，好的PPT课件可以节省时间、激发学生的学习兴趣，进而提高教学质量。因此，即便我们有了导学案，也必须要制作课件，而且要做得更好。

（二）检查导学案（1~2分钟）

美国开国元勋麦迪逊在1787年美国政府初建时为稳定局势说过："如果人人都是天使，就不需要任何政府了；如果是天使统治人，就不需要对政府有外来或内在的控制了。"这句话的意思是，如果每个人都能自觉遵守基本准则，那么法律就无用武之地了；如果政府工作人员都大公无私，那么即使没有监督，政府也能很好地领导人民。在学生学习方面，我们固然希望每个学生都是天使，这样教师就无须维持纪律和监督学生学习。然而，现实中往往有个别学生不愿意遵守约定，不按时完成作业。这就需要我们老师加大监管力度。而"143"教学模式要想实施有效，预习是关键的一环。可以说，没有这一环节，后续环节将难以开展。因此，每节课都要确保学生预习并完成教师下发的导学案。这一任务可以由教师亲自检查，也可以指定小组长来完成。

检查导学案的目的是查看学生是否完成作业，而课堂上设计2~3个单选题则是为了检测学生预习的质量。学生用2分钟做题，1分钟核对答案，然后用2分钟讲解错误率高的题目。对于讲解到位的学生，给予相应的小组加分。

（三）互动探究与小组成果展示（15~20分钟）

所谓"互动探究"，是指教师在教学过程中，引导学生自主学习，让学生自主发现问题、提出问题并探究问题，从而获得知识和结论的学习方式。教师会将之前设计好的问题展示在多媒体上，然后小组起立，进行组间讨论。为了调动每个小组的积极性，教师不应只挑选个别小组展示成果并给他们加分，而是给每个小组机会，只要他们将讨论好的答案写在小黑板上，教师就应该逐一为他们指导讲解和批改，并给出相应的分值。这样既能实时监督学生的学习动态，又能与学生密切交流，培养良好的师生关系。最后，挑选出表现最佳的两个小组到讲台上展示，如此一来，不仅能增加这两个小组学生的优越感，激发其他小组的学习热情，还能让师生清晰地看到学习中的优点和不足。

（四）本课小结（5分钟）

学生在一节课的学习后，可能无法厘清新旧知识之间的联系。为了让学生将所学知识形成网络化，教师可以采用课堂小结的方式，帮助学生梳理新旧知识的差异与联系，引导学生突破难点知识。然而，这一教学环节却常常被部分教师忽视。实际上，它是课堂教学的重要组成部分，适当的课堂小结能够帮助学生巩固所学知识，构建知识体系。

总之，课堂小结不仅可以梳理新旧知识，还能提高学生的思维能力。课堂小结是"143"课堂教学中不可或缺的环节。

（五）当堂检测（6分钟）

为确保教学实施的有效性，教师应在每节课的最后几分钟，以课后作业为基础，对学生进行简单的当堂测试。通常应设计五六个选择题，每个题目都尽量涵盖本节课的知识点，以达到及时巩固、当堂消化的效果。在这个环节中，不再要求小组合作讨论，而是由学生独立完成。待教师公布答案后，由学生抢答来解决练习中存在的问题，教师进行补充；同时，对回答较好的同学给予相应的量化积分。这几个步骤紧密相连、相互依存，注重讲练结合，充分体现了教为主导、学为主体、练为主线的原则，有助于学生消化当堂所学的知识。

三、初步尝试，小有收获

在整个教学过程中，我严格遵循我校的"143"教学模式，该模式大致可分为三个步骤：课前预习、课堂的学、展、讲、练以及课后的"三清"。自2016年11月起，我在所教班级中推行实施这一模式，截至目前，已取得了一定的成果。

第一，学生的自主学习能力得到了显著提升。"143"课改实施后，班上的每位同学在课堂上都能"活跃"起来，几乎没有睡觉的同学了。当老师展示问题后，每个小组会立即全体起立，明确分工后进入各自的角色——有人找资料，有人整理答案，有人将答案书写在小黑板上，还有人负责检查遗漏，课堂气氛十分"热烈"。这充分体现了新课堂改革理念的转变，即以教师为主导，以学生为主体。与传统的"满堂灌"课堂教学相比，教师更加轻松，而学生则能够转变角色，真正投入到学习中。

第二，学生的学习效率逐渐提高。新课改下的教学方式更加注重学生的自学以及课前、课堂和课后的练习，相比传统课堂，增加了许多动手动脑的环节。这无意中培养了学生的解题能力、获取信息的能力和思维能力。自然而然，学生的学习效率也逐步提升了，为即将进入高三的他们打下了坚实的基础。

第三，学生的团结互助意识不断增强。俗话说："三个臭皮匠，赛过一个诸葛亮。"这说明了团结的力量。在物理学习中，同样需要同学们团结协作、共同进步。在"143"课改中，每个同学都被编入了各自的小组。无论是课前预习、课堂回答问题，还是班级的荣辱，都不再是单个同学的事情。小组的表现好坏，直接关系到自己的荣辱。因此，新课改将班级的每一位同学都紧密地与自己的小组联系在一起，不再允许同学们我行我素、单枪匹马。这对于班级建设来说，就像是一股强大的力量，凝聚着班级的精气神。

诚然，课改的成果远不止于此。例如，学生在回答问题时，其语言表达能力得以提升；在一次又一次的试题讲解中，他们的自信心也在不断增强……因此，课改让我看到了希望。

四、不足及整改措施

马克思主义哲学认为：事物的发展过程其前途是光明的，道路是曲折的。所以，"143"教学模式在初步实施过程中，虽然有很多可喜的成果，但问题却还是存在，需要我们慢慢去探究。

第一，学生价值观存在偏差。新课改实施后，学生为了获得小组积分，踊跃回答问题。这虽然提高了他们的学习积极性，但也逐渐形成了只为赚取分值而非出于学习本身的错误价值观。因此，在教学过程中，我们要不断向学生灌输正确的价值观，防止这种情况愈演愈烈，引导学生树立正确的价值观。

第二，如何激励后进生。为了兼顾公平并充分调动每个小组的积极性，在小组建设中，特意安排每个小组中都有优等生和后进生。首先，教师需要了解学生的学习情况和性格特点，以便制定切实可行的实施方案。其次，在备课过程中，教师可以有意识地设置一些专门针对后进生的问题，为他们提供展示的机会。再次，教师要经常与他们交流，为他们加油鼓劲，增强他们的自信心。

第三，如何发挥学科小组长的作用。每个小组都配有学科组长，但在课改初步实施阶段，他们的职位形同虚设。如何有效发挥学科组长的带头作用，成为了一个难题。要解决这个问题，首先要对学科组长进行培训，让他们明白自己的权利和存在的意义。其次，教师每周要给学科组长分配适当的任务，让他们去监督执行，并制定相应的奖励机制，以调动他们的工作积极性。

以上是笔者在课改中的一些微不足道的尝试。这些积极有效的教学机制，在教学实践中已经展现出了其优越性，学生上课更加认真，参与的积极性也有了显著提高。作为一名新课改的教师，我将始终如一地继续探索更优质的教学策略，正所谓"路漫漫其修远兮，吾将上下而求索"。

3.5 "143"高效课堂教学改革感悟、总结范例

3.5.1 新课程改革实施感悟

新课程改革实施感悟

胡道群

随着新高考、新课程和新理念的持续推进，全体学科教师置身于"三新"课程改革的浪潮中，经受着众多新思维和新理念的冲击与洗礼。在新课改推进过程中，作为高中物理教师的我既有成功的经验，也面临着课改实施中的问题与困惑。新课改实施期间，教师接纳新事物的能力、学习能力和教学观念等都有了显著提升。教师不再仅仅关注知

识的传授，而是更加注重学生综合能力的培养。在融洽的课堂上，师生之间形成了平等的关系。通过培训，学生掌握了自主探索和小组合作的学习方式，并养成了勤于思考、善于探索的良好习惯。学生在课堂中不仅学会了独立思考和实践探究，还学会了与本组同学合作学习，更学会了评价、质疑和反思；同时，他们的实践创新能力得到提升，知识迁移能力也有了长足的进步。然而，在新课程改革下的课堂教学环节仍然存在一些问题。接下来，我将具体谈谈"143"课堂教学改革实施以来的一些收获和反思。

一、课改实施的收获

（一）教师能力素养得到提高

在"三新"课程改革的推进过程中，教师主动学习新的教育教学理念，教育理论水平显著提高。教师在教学中逐渐学会反思，认真研读课程标准和教材，能够对教材内容进行合理取舍，真正实现了因材施教，而非单纯地照本宣科。新课程改革推动了教师的专业成长，为教师开展个性化课堂教学提供了广阔的发展平台，提升了教师的能力素质，使教师从教书匠转变为课堂教学的主导者。

（二）师生课堂教学中的角色转变

长期以来，教师在课堂上拥有绝对的权威。新课程改革实施后，教师不再固守高高在上的尊严，转而营造民主、平等的氛围开展课堂教学。在课堂教学中，教师扮演着学生学习的引导者，教室成为学生学习的重要场所。学生的学习态度也发生了根本性的转变，他们在课堂上积极主动地参与学习，从过去教师逼着学的状态转变为现在学生自己主动要学。新课改的实施拓宽了学生的思维，提高了他们的语言表达能力。课堂不再是满堂灌的被动教学模式，而是学生自主探究、小组合作的师生互动和生生互动的活跃场面。在教师的引导下，学生愉快、主动地参与课堂教学，真正成为了课堂的主人。学生在课堂教学中逐渐养成了善于思考问题的习惯，回答问题时敢于发表自己的意见，对教师提出的问题也有了独到的见解，这些都是新课改实施前的学生难以达到的。

（三）促进学生全面发展

在课堂上，教师采用分工明确的学习方式进行教学，不仅使学生学到了知识和技能，提高了课堂教学效率，还让学生在和谐的小组学习氛围中学会了与同学交流，增进了同学间的感情。在课堂教学过程中，开展自主探究和小组合作学习，让小组中的每个人都有事可做，使学生认识到同伴的重要性，感受到团队的力量，从而培养了学生的团队意识。小组合作交流和课堂展示环节也提高了学生的语言表达能力。

二、新课程教学改革存在的问题与思考

（1）教师的课务负担和额外工作普遍过重。我校多数教师每周约有20节课，此外还要应对上级部门安排的各项检查工作以及各种临时任务。因此，教师们普遍没有精力进行"教学研究"，对教学研究往往是心有余而力不足。

（2）我校部分学科教师稀缺，致使各班班额过大，在课堂教学中难以实施小组合作学习。新课程改革倡导班额小班化，每个学习小组以6人左右为宜，但我校目前班级人数最少的有50多人，多数班级都在60人以上，分组都难以实现，更别提小组合作学习了。

（3）我校师资队伍年龄偏大，平均年龄在42岁以上，50岁以上的教师占比约40%。这些老教师对新事物的接受能力较弱，传统的教学模式和方法在他们心中根深蒂固。老教师在接受新的教学理念、教学软件、教学设备以及使用设备等方面存在困难，这些问题严重阻碍了课堂教学改革的顺利推进。

（4）课堂教学改革无法在短期内取得效果。在当前体制下，受高考成绩决定成败的大环境影响，上级主管部门和学校领导的急功近利

思想，抑制了教师参与课堂教学改革的积极性。实施新课程改革需要学校增添新的教学设备，教师也要投入更多精力，但在短时间内难以看到成效。因此，这样吃力不讨好的事情，领导和教师都不愿意去做，即使参与也只是流于形式。

（5）学校每学期都会举行月考和期末考试，教师所任教班级的考试成绩需要排名，考试成绩成为衡量教学质量优劣的标准。尤其是现在推出的末位淘汰机制，使得教师们更加注重结果而非过程。多数教师担心实施课改会影响自己的教学成绩，于是直接采用满堂灌的传统课堂教学方式，真正实施新课程改革的教师寥寥无几。

（6）如今，全国的课改模式纷繁多样。在实施新课程改革的过程中，是否必须采用固定的课堂教学模式？是否只有具备了固定的课堂教学模式，才算实施了新课改？这些问题一直令我感到困惑和迷茫。

三、新课程改革实施的对策

（1）基于我校教师的实际情况，加大校本研训的力度，积极探索构建适合我校各学科以及每位教师的课堂教学模式，彰显教师的个人特色和教学风格。

（2）优化教师参与课堂教学改革的评价机制，加大对教师参与新课程改革的奖惩力度，通过合理有效的考核制度和评价手段，激励教师自觉地加入到课改队伍中来。

（3）出台课改实施办法，同时完善课改机构，以制度促落实。建立合理制度，学校严格依制度管理，确保课改常态化。通过学习提升管理者自身水平，管理者只有真正理解新课改，大力推进课改，并做好教师的表率，课程改革才能步入正轨。

（4）学校应加大培训资金投入，拓宽教师的培训渠道。聘请国内课改专家、名师、学科带头人、骨干教师来校上示范课和举办讲座。抓住一切机会，派遣教师外出观摩学习，开阔视野，增长见识，确保教师能够接受新课改。

3.5.2　践行"143"课改　激活生命课堂

践行"143"课改　激活生命课堂
高二（18）班　姚莉

　　起初接触这种学习方式时，确实感到很不习惯，甚至有些排斥，觉得多做一张导学案纯属多余，更何况内容还被划分得如此之细，就像上语文课一样，总觉得没什么道理。然而，随着时间的推移，逐渐习惯了这种学习方式，并且不知不觉地喜欢上了它！

　　以前，老师在讲台上讲解，我们在听讲的过程中慢慢理解然后遗忘。这样虽然也能学到知识，但总是面临"老师讲的都懂，自己做题却无从下手"的问题。自从开展了"新型课堂"，我逐渐克服了这些困难。在"新型课堂"中，老师不再像以前那样逐一讲解书本知识，但我们学到的知识依然完整，甚至还能学到更多。想知道我从"新型课堂"中学到了什么吗？我总结了以下五点，一起来看看吧！

　　（1）以前老师上课时，我经常走神。等我回过神来，已经不知道老师讲到哪里了，所以总是跟不上老师的节奏，也因此失去了学习的兴趣。有时候老师布置的作业也不写，或者直接抄上去应付，总想着蒙混过关、得过且过。时间一长，什么都不懂了，成绩也随之下降。而现在，我们要自己做导学案、自己分析、自己讲解，有不懂的就大家一起讨论。一开始不适应，总是想办法偷懒，很被动。但时间久了，发现自己无法融入集体，落后了，所以就想跟上同学们的步伐，不想落单。这样一来，自己在学习上就变得主动了，学习的兴趣也来了。

　　（2）现在的新课堂，主角不再是老师，而是我们学生。在课堂上，我们自己完成导学案，梳理知识点，把不懂的一点一点弄懂。虽然只是基本理解了知识点，还不熟练，但在小组展示中，我相信就会理解了。你知道为什么吗？因为在小组展示中，同学们的讲解更加通俗易懂，他们会将书本上的知识点，用我们同学都容易理解的方式讲出来，不再是书本化的内容，这是老师不一定懂的，因为他不是学生。同学讲解完后，如果其他同学还有不懂的，就及时提出问题，大家一起讨论解决，你一言我一语，问题的答案就浮出水面了。如果经过以上步骤，我们对某个知识点仍有困惑，老师就会进行讲解。经过老师的讲解，我们就都恍然大悟了，真是一语点醒梦中人。这种上课方式，虽然老师没有讲解很多，但最后我们都能通过交流讨论得到答案，而且通过自己主动思考和一步步探索寻得到的答案，会让我们记忆更深刻。当完成那一张张导学案时，当解决并记录下一个个难题时，当看到那原本洁白的导学案被自己写得密密麻麻时，便会产生满满的成就感和满足感。

（3）在学习中要学会持之以恒。如果在解决问题的过程中放弃了，或者只完成了众多导学案中的几张，那么就不会有什么效果，你的成就感也不会太大。

（4）我觉得"新型课堂"的另一个优点是，有些问题我们在课堂上不敢向老师提出，但却敢向讲解的同学提问。向同学提问时会更轻松，问题可以随口而出，不像面对老师时，还要担心老师会不会批评，会有压力。而现在完全没有这种顾虑，学习变得更轻松了。

（5）唯一美中不足的是：当同学们上台展示时，往往只展示其中一题或一个知识点，这会导致大家将重心全部放在这一题上，而忽略其他题目，从而减少了我们的题量。甚至有时同学们讲解其他题目时，我们的积极性可能会降低，跟不上节奏，这会使我们对知识的了解不够全面，掌握解题技巧也不够全面。

以上是我在"新型课堂"中的切身体会。我相信，真正融入"新型课堂"的同学，成绩会有所提升，感受和领悟也会和我一样，甚至更多。我想说：还没有融入这个新课堂的同学，请尽快融入，因为它真的会让你受益匪浅；已经融入的同学，请坚持下去，半途而废是没有意义的。

（指导教师　胡道群）

3.5.3　有效学习　提升自我

有效学习　提升自我
榕江县第一中学高一（8）班　莫小波

毋庸置疑，对于大多数人而言，高中物理是极难学好的。高中物理知识颇为抽象，各个知识点之间具有很强的逻辑关系，并且与数学知识有着紧密的关联。因此，要学好高中物理，正确的方法不可或缺。倘若学习方法不当，那将会带来致命的影响。在此，本人结合自身学习物理的心得，总结了几点关于如何学好高中物理的浅显看法，希望对同学们有所帮助。

一、准确、深入、全面地理解物理概念和物理规律

在理解力的概念时，既要涵盖对具体的力（如重力、弹力、摩擦力、静电力、安培力、洛伦兹力等）的概念的理解，也要包含对一般、抽象的力的概念的理解，同时还要涉及力作用于物体产生不同效果的理解等。我们需要从多种角度去理解力的概念。在复杂的力学问题中，比如带电粒子在电场和磁场中的运动问题，会碰到各式各样的力。通过这些问题，我们能不断深化对不同性质力的理解，也能持续加深对抽象和普遍的力的概念的认知。例如：滑动摩擦力能使物体加速，也能使物体减速，能做正功、做负功、不做功，而静摩擦力总是做功代数和为零。洛伦兹力的方向总是与速度垂直，总不做功，它只改变速度方向，不改变速度大小，这是洛伦兹力最大的特点，其他力都不具备此特点。力会产生加速度，反之，若发现物体有加速度，就能够判定该物体合外力必定不为零等等。

二、注意对物体的物理状态和物理过程的分析

要解决一道物理题，首先需要理清题意，然后确定研究对象，之后明确采用何种物理规律解题，最后分析研究对象的物理状态与物理过程，构建清晰的物理模型。这样才能排除一些干扰因素，找准解决问题的出发点。特别是对于一些难度较大、灵活性较强、情境较新的问题，只有分析清楚物理过程，才易于找出解决问题的关键信息或问题中隐藏的条件。

三、精解少量典型题、浏览较多的习题

对于一些具有典型性和代表性的习题，应当进行深入且重点的求解，真正把典型习题弄明白。那么如何挑选有代表性的典型习题呢？首先应选择高考真题，高考真题概念性强，对概念规律的考查深入且灵活，有的题目立意新颖、情境全新、设问角度独特，有的题目综合

性强，有的题目含义深刻，十分值得我们深入探究。其次要选择概念规律及要领性强、与生活实际紧密相连的习题，还可以选择在解题方法和技巧上具有一定代表性的习题。那怎样才算真正弄懂了这些精心挑选的习题呢？要真正弄懂这些精选习题，必须通过自身反复且独立的思考才有可能达成。这就要求学生在解题过程中明晰该题考查的知识点，需要运用哪个规律来解决问题，解题时应当选取怎样的思路，解题的关键在何处，如何列出解题方程，解得的结论具有怎样的物理意义，解这道题对概念规律有哪些新的体会和认识，如果题目条件发生变化或者已知条件和待求问题颠倒过来又该如何解答，等等。

对于其他一些问题，也要有所选择。对于那些思考一下就清楚如何求解的题，不一定花费过多时间去做。而有的题思考一下不知道怎么做，就应当认真对待，解出来之后要回想当初卡在何处解不出来，又是如何突破的。利用这种方法，能够在较短时间内接触较多的习题。

只要我们抓住解题的根本，就会发现真正具有代表性的典型题其实并不多，很多题都大同小异。盲目追求解题的数量成效不大，而且有些题存在概念模糊或错误的情况，解这类题会产生不良影响，要注意加以避免。

四、以物理概念规律、方法为核心，不断总结经验教训，提高解题能力

物理习题数量众多且灵活性强，物理概念、规律、方法是解题的依据、出发点和灵魂。只有抓住这一根本，不断进行归纳总结，才能提升解题能力。对习题的分类应从基本概念、规律着眼。例如从牛顿定律来看，将动力学问题分为已知力求运动和已知运动求力这两种基本类型是很有帮助的，还可进一步细分为在恒力作用下的运动、在万有引力作用下的天体运动、在弹性恢复力作用下的简谐运动等。而从形式上把问题分为斜面问题、竖直问题、水平问题等，并没有太大作用。

在解题过程中犯错是常有的事，当代著名哲学家波普尔认为："我们能够从我们的错误中学习。""我们的一切知识都只能通过纠正我们的错误而增长。"所以，我们应当揪住错误不放手。发现错误是我们进步和提高的起点，许多错误是由于我们没有真正理解概念和规律而导

致的，找到错误的根源能让我们对概念和规律的理解更上一层楼，这是从根本上的提升，极为有益。常有这样的情况：一个概念性错误会在多道题目中屡次出现，这表明这个概念难度较大且十分重要，而我们还未找到错误的根源。这应当引起我们的特别重视，可以与同学讨论或请教老师以获得启发，但一定要通过自己独立且反复的思考，才能真正解决问题。有的较难的题我们一时无法解答，后来解出来了，但过了一段时间再看这道题又不会解了，这说明这道题没有真正弄明白。我们经过反复思考找出问题所在，对提高解题能力大有裨益。

通过一定量习题的求解，我们会发现在理解概念、规律方面存在的诸多问题，也会发现解题方法、技巧方面的众多问题，同时还能积累不少解题的技巧和经验，这些都需要我们及时进行归纳总结。

总而言之，学习物理的关键在于理解，不要觉得听老师讲解就能懂物理，只有不断反复思考、探究问题的本质，持续地独立思考，才能真正理解，才能够解答各种各样的物理习题。

（指导教师　朱　启）